MW01678851

LE GRAND LIVRE DU MONDE

AVEC ATLAS

Stephanie Turnbull et Emma Helbrough
Maquette : Stephen Moncrieff et Andrea Slane
Spécialiste des cartes : Craig Asquith

Cartographie : European Map Graphics Ltd
Cartes (maquette) : Laura Fearn et Keith Newell
Expert-conseil : Roger Trend, université d'Exeter, Grande-Bretagne

Pour l'édition française :
Traduction : Claire Lefebvre
Rédaction : Renée Chaspoul et Helen Thawley
Cartes : Dani Leman et Carla Brown

SOMMAIRE

Spectaculaire formation nuageuse au crépuscule dans un désert californien, aux États-Unis. L'arche de grès ci-dessous a été forgée par les intempéries au cours des millénaires.

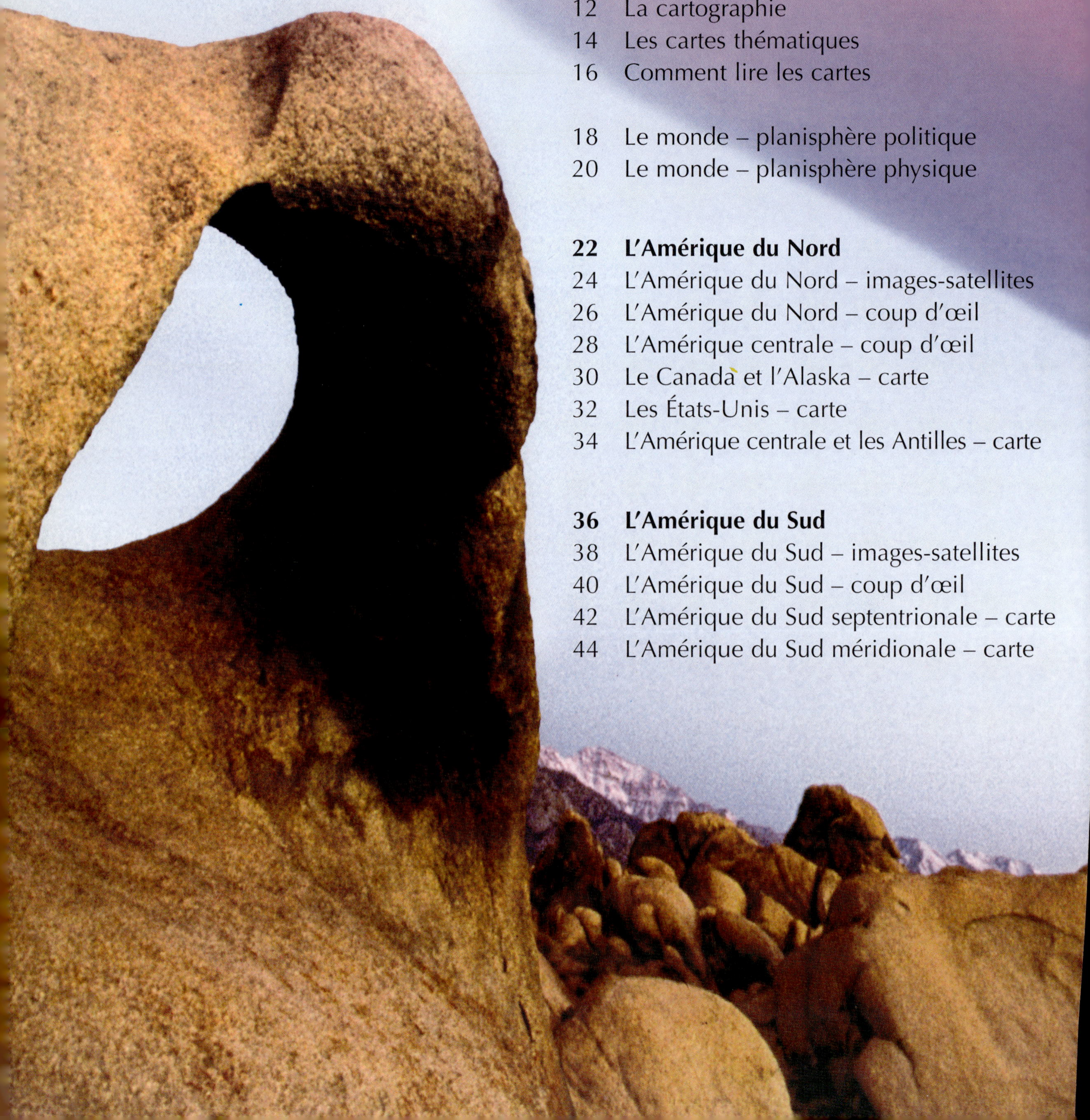

LIENS INTERNET

Si tu as accès à Internet, ce livre te permettra de visiter les sites Web que nous recommandons dans les encadrés « Liens Internet » tout le long du livre. Lis les descriptions proposées avant de te connecter pour savoir de quel sujet traite le site. Tu pourras ainsi en apprendre davantage sur la géographie et les lieux célèbres du monde entier. Pour accéder aux sites proposés, consulte notre site Quicklinks **www.usborne-quicklinks.com/fr**

La disponibilité des sites

Parfois, un message apparaît à l'écran t'indiquant que le site recherché n'est pas disponible pour l'instant. Il se peut que ce soit une inaccessibilité provisoire et il suffit de réessayer un peu plus tard.

Il arrive que certaines adresses de sites Web changent ou que les sites disparaissent. Les sites recommandés sur Quicklinks seront régulièrement revus et mis à jour. Si un site n'est plus accessible, nous le remplacerons, si possible, par un autre site.

Liens Internet

Pour accéder aux sites Web proposés dans ce livre, va sur **www.usborne-quicklinks.com/fr** et clique sur *Le grand livre du monde.*

Aide

Si tu as besoin d'aide ou de conseils sur l'utilisation d'Internet, clique sur **Besoin d'aide ?** sur notre site : **www.usborne-quicklinks.com/fr**

Pour plus d'information sur comment utiliser ton navigateur de Web, clique sur le bouton **?** de la barre de menu située dans la bordure supérieure de ton navigateur. Clique ensuite sur **Sommaire et index** pour accéder à la base de données de recherche qui contient de nombreuses informations utiles.

Ce dont tu as besoin

Il te suffit d'un ordinateur de base et d'un navigateur (logiciel permettant aux internautes de trouver les sites créés sur le Web) pour accéder à la plupart des sites Web proposés par les éditions Usborne. Voici les quelques éléments indispensables :

- un PC équipé de Microsoft® Windows® 98 ou de Windows® Me, ou un ordinateur Macintosh PowerPC système 9.0 ou plus,
- 64 Mo de RAM,
- un navigateur de Web tel que Microsoft® Internet Explorer 5 ou Netscape® Navigator 4.7 ou toute version plus récente,
- une connexion à Internet via un modem (de préférence à la vitesse de 56 Kbps), une ligne numérique ou par câble,
- un fournisseur d'accès,
- une carte son pour écouter les fichiers son.

IL N'EST PAS OBLIGATOIRE D'AVOIR UN ORDINATEUR

Tel quel, cet ouvrage de référence est complet et ne nécessite aucun auxiliaire.

Les modules externes

Les programmes additionnels, appelés modules externes ou plug-in, te permettent de consulter des sites Web contenant du son, des vidéos ou des animations et images en 3D.

Si tu accèdes à un site sans le module externe nécessaire, un message apparaît à l'écran t'indiquant comment le télécharger. Si cela n'est pas le cas, connecte-toi sur notre site Quicklinks et clique sur **Besoin d'aide ?**

Tu y trouveras des liens te permettant de télécharger tous les modules externes désirés. Voici une liste des modules les plus recherchés :

- **QuickTime** – pour voir en vidéo
- **RealOne Player**® – pour voir de la vidéo et écouter des séquences sonores
- **Flash**™ – pour voir les animations
- **Shockwave**® – pour voir les animations et les programmes interactifs

Les virus

Un virus est un petit programme capable de provoquer d'importants dégâts dans ton ordinateur. Tu peux involontairement introduire un virus dans ton ordinateur en téléchargeant sur Internet un programme infecté ou en ouvrant une pièce infectée jointe à un message électronique. Tu peux te procurer un logiciel antivirus dans un magasin d'informatique, ou tu peux en télécharger un sur Internet. Ils coûtent cher, mais moins cher que de réparer un ordinateur endommagé.

Pour en savoir plus sur les virus, connecte-toi à **www.usborne-quicklinks.com/fr** et clique sur **Besoin d'aide ?**

QuickTime est la marque déposée d'Apple computer, Inc. aux États-Unis et dans d'autres pays.
RealOne Player est la marque déposée de RealNetworks, Inc. aux États-Unis et dans d'autres pays.
Flash et Shockwave sont des marques de commerce ou des marques déposées par Macromedia, Inc. aux États-Unis et dans d'autres pays.

Notes pour les parents

Tous les sites Web proposés dans ce livre sont régulièrement vérifiés et les liens mis à jour. Un site peut cependant changer à tout moment et les éditions Usborne ne sauraient être tenues responsables du contenu de sites Web autres que le leur.

Nous recommandons aux adultes d'encadrer les enfants lorsqu'ils consultent Internet, de leur interdire l'accès aux chat rooms (salles de discussion) et d'utiliser un système de filtrage afin de bloquer l'accès à tout matériel indésirable.

Les parents doivent s'assurer que les enfants ont bien lu les instructions de sécurité mentionnées ci-dessous. Pour plus de détails, voir **Besoin d'aide ?** sur le site **Quicklinks** des éditions Usborne.

La sécurité sur Internet

Lorsque tu utilises Internet, respecte bien les précautions suivantes :

- Demande la permission à tes parents avant de te connecter. Il est préférable qu'un adulte reste à proximité.
- Si tu écris un message sur le livre d'or ou la page messages d'un site Web, ne divulgue aucune information personnelle comme ton adresse, ton numéro de téléphone ou ton nom, et demande à un adulte si tu peux donner ton adresse électronique.
- Si un site te demande de t'inscrire avant de te connecter en tapant ton nom ou ton adresse électronique, demande d'abord la permission à un adulte.
- Si tu reçois un message électronique de provenance inconnue, parles-en à un adulte avant d'y répondre.
- N'accepte jamais de rencontrer une personne que tu ne connais que par Internet.

QU'EST-CE QU'UN ATLAS ?

Un atlas est un recueil de cartes. Cet atlas te guidera dans l'exploration de notre monde et te fera découvrir des paysages variés, des villes célèbres et des sites spectaculaires.

Que montrent les cartes

Une carte est une représentation d'une région de la surface de la Terre, généralement vue de dessus. Contrairement à une photographie, qui montre la réalité, une carte indique les particularités d'une région de façon schématique. Elle donne aussi différentes informations, comme les noms des lieux. Des symboles sont souvent utilisés pour marquer les caractéristiques topographiques, comme les volcans ou les chutes d'eau.

Comment s'orienter

Bien que la Terre n'ait ni bas ni haut, le nord est traditionnellement placé en haut des cartes. Parfois, il est plus facile d'orienter la carte, aussi le nord n'est-il pas nécessairement en haut. Certaines cartes portent le symbole d'une boussole pour indiquer le nord.

Cette carte simplifiée de l'archipel des Galápagos donne les noms des principales îles et de leurs volcans.

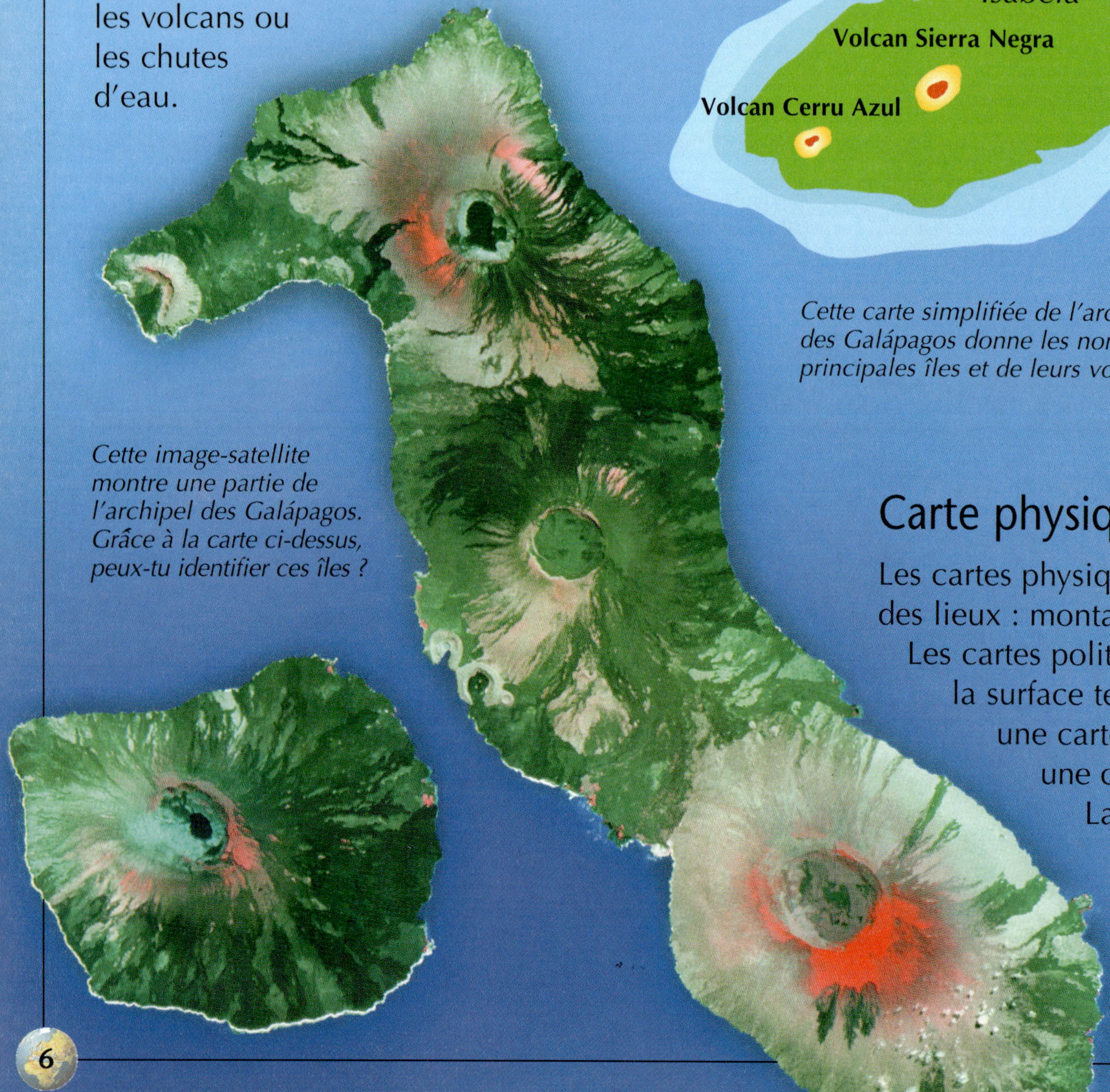

Cette image-satellite montre une partie de l'archipel des Galápagos. Grâce à la carte ci-dessus, peux-tu identifier ces îles ?

Carte physique et carte politique

Les cartes physiques indiquent la topographie des lieux : montagnes, déserts, fleuves et lacs. Les cartes politiques montrent la division de la surface terrestre en pays. Tu trouveras une carte politique aux pages 18-19 et une carte physique aux pages 20-21. La plupart des cartes de cet atlas indiquent les caractéristiques géographiques ainsi que les frontières entre les pays et les villes.

Les échelles des cartes

L'échelle est la taille d'une carte par rapport à la région qu'elle représente. Elle est parfois symbolisée par une ligne graduée qui indique combien de kilomètres sont représentés par une distance donnée sur la carte. D'autres cartes ne donnent ces distances relatives qu'en nombre. Par exemple, 1 : 100 signifie que 1 cm sur la carte représente 100 cm (1 m) sur la surface de la Terre.

L'échelle d'une carte dépend de son objectif. L'échelle d'un planisphère, qui montre le monde entier, est très réduite ; en revanche, celle d'un plan de ville est bien plus grande, de manière que des détails comme les routes soient bien visibles.

Cette carte de l'Europe est à échelle réduite de façon à tenir sur une surface restreinte.

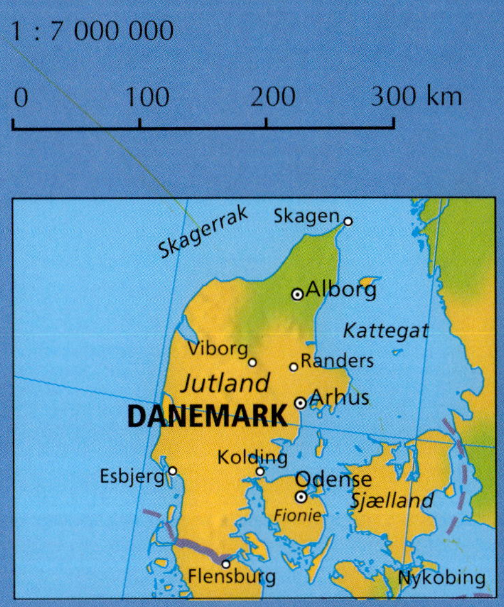

L'échelle de cette carte du Danemark est plus grande pour montrer davantage de détails.

Liens Internet

Un atlas de géographie qui donne des cartes et des graphiques, ainsi que des fonds de carte qui peuvent être utilisés pour un devoir ou un projet.

Pour le lien vers ce site, connecte-toi à : **www.usborne-quicklinks.com/fr**

Le mont Rushmore, un site très célèbre situé aux États-Unis (dans le Dakota du Sud), est une énorme sculpture qui représente quatre présidents américains illustres. Tout le long de cet atlas, tu découvriras d'autres photos de sites prestigieux du monde entier.

Utiliser cet atlas

Par tradition, le monde est divisé en cinq continents : l'Asie, l'Afrique, l'Amérique, l'Europe et l'Océanie. Dans ce livre, pour des raisons de clarté, les deux Amériques, du Nord et du Sud, ainsi que l'Arctique et l'Antarctique, sont traités séparément. Chaque partie est illustrée par des images-satellites montrant des sites spectaculaires. Tu peux retrouver la plupart de ces endroits sur les cartes.

LA TERRE VUE DE L'ESPACE

La technologie moderne permet désormais aux scientifiques de tracer des cartes d'une précision inégalée jusqu'à présent. Même les régions inaccessibles, comme les déserts, les fonds océaniques et les montagnes, ont été cartographiées en détail grâce aux informations transmises par les satellites qui observent la Terre depuis l'espace.

Qu'est-ce qu'un satellite ?

Les satellites artificiels sont des engins qui orbitent (voyagent) autour de la Terre et l'observent grâce à une technique appelée télédétection. Les instruments du satellite surveillent la Terre à une certaine distance et envoient des images de sa surface. Ils observent aussi les planètes et leurs satellites, ou lunes.

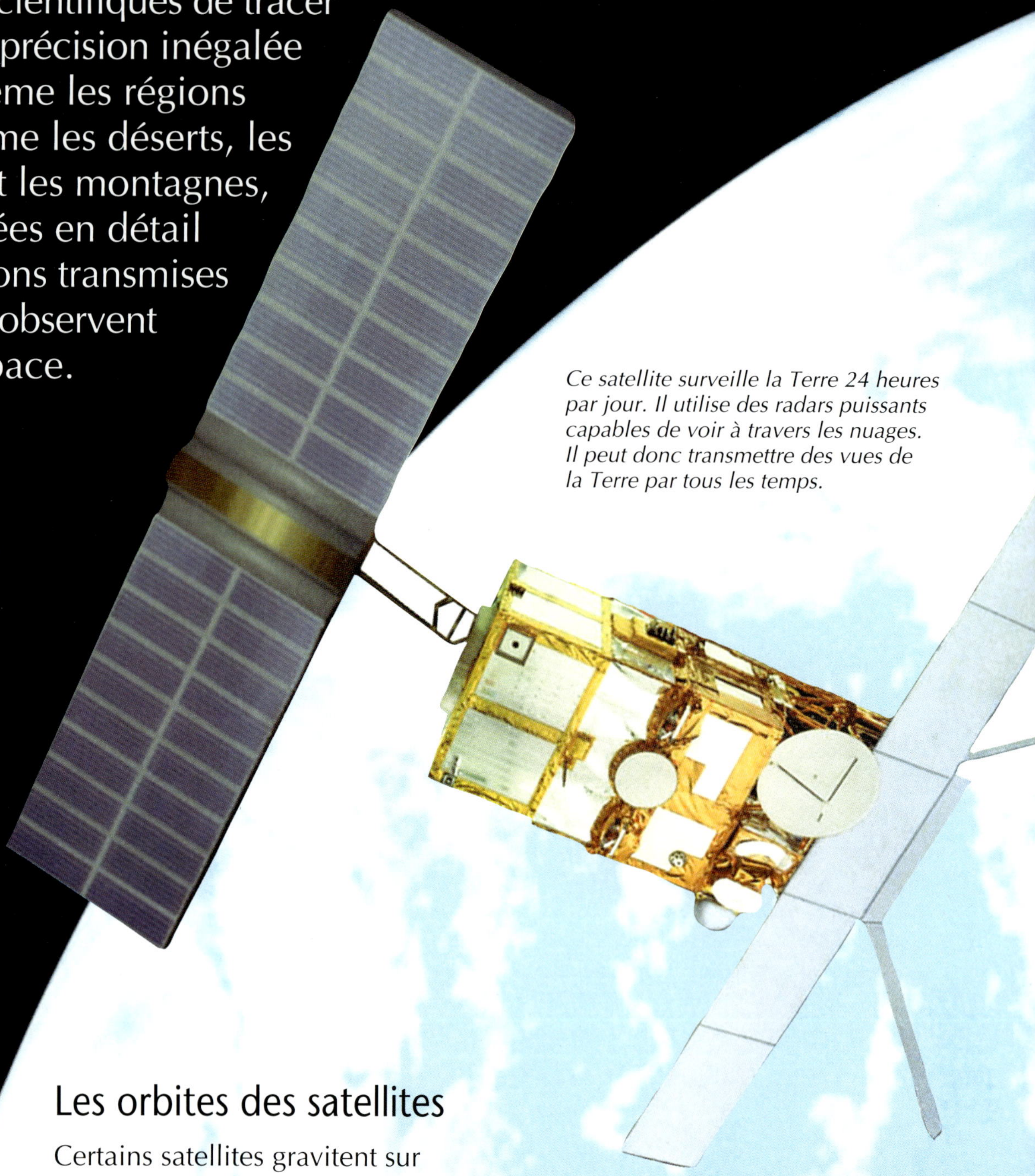

Ce satellite surveille la Terre 24 heures par jour. Il utilise des radars puissants capables de voir à travers les nuages. Il peut donc transmettre des vues de la Terre par tous les temps.

Les orbites des satellites

Certains satellites gravitent sur des orbites situées entre 5 km et 1 500 km de la Terre, transmettant des vues de différentes régions. D'autres sont dits géostationnaires, c'est-à-dire qu'ils restent au même endroit. Leur période de révolution est égale à la période de rotation de la Terre, et ils observent toujours la même région, depuis une orbite située à 36 000 km.

Liens Internet

Les dernières images des satellites météorologiques, un suivi des cyclones tropicaux, un guide sur les satellites et sur l'interprétation des images.

Pour le lien vers ce site, connecte-toi à : **www.usborne-quicklinks.com/fr**

Cette photographie de la Sicile a été prise par un satellite en juillet 2001. Elle montre l'éruption de l'Etna. La traînée blanche de droite est le panache de fumée du volcan.

Quelles applications ?

Les images-satellites sont utilisées pour prévenir et surveiller des phénomènes naturels, les éruptions volcaniques par exemple. Les scientifiques s'en servent également pour observer l'impact des populations sur l'environnement, comme la destruction des forêts tropicales en Amérique du Sud. Les images-satellites sont parfois teintées artificiellement pour faire ressortir certains détails, tels que les forêts.

La télédétection

Les satellites utilisent plusieurs techniques de télédétection. L'une est le radar, qui peut fournir des images de la Terre même dans l'obscurité ou à travers les nuages. Le radar émet des ondes électromagnétiques qui se réfléchissent sur un objet. Le temps qu'elles mettent à revenir détermine la distance de l'objet.

De puissants appareils, souvent infrarouges, photographient la surface de la Terre. Des surfaces différentes ne réfléchissent pas les rayons infrarouges de la même façon. Les images infrarouges montrent donc les différents types de terrains, comme les déserts, les prairies ou les forêts.

Cette image-satellite de la Terre est teintée pour mettre en évidence les différents types de terrains. Les déserts et autres régions sèches apparaissent en rouge. Les régions couvertes de végétation sont orange.

LATITUDE-LONGITUDE

La surface de la Terre est quadrillée par des lignes imaginaires qui servent à mesurer les distances et à déterminer les coordonnées des lieux. Il existe deux systèmes de lignes : les parallèles et les méridiens.

Les parallèles

Les parallèles, ou lignes de latitude, parcourent le globe horizontalement. Plus ces lignes se rapprochent des pôles, plus elles sont courtes. Le parallèle qui partage la Terre en son milieu est appelé équateur ; c'est la ligne la plus importante. Toutes les autres sont mesurées nord ou sud de l'équateur.

Les méridiens

Les méridiens, ou lignes de longitude, passent par le pôle Nord et le pôle Sud. Ils ont tous la même longueur et se croisent au pôle Nord et au pôle Sud.

Le méridien le plus important est le méridien d'origine, qui passe par Greenwich, en Grande-Bretagne. Toutes les autres longitudes sont mesurées est ou ouest du méridien de Greenwich.

Ce schéma de la Terre montre les principales lignes de longitude et de latitude.

Ce renard polaire vit dans le nord du Canada, près du cercle polaire arctique.

Les autres lignes

L'équateur n'est pas la seule ligne à porter un nom. Le tropique du Cancer est une ligne située au nord de l'équateur, tandis que le tropique du Capricorne se trouve à la même distance au sud. Entre ces latitudes, on trouve les régions du monde les plus chaudes et les plus humides : les tropiques.

Le cercle polaire arctique est un parallèle situé très au nord de l'équateur. Il englobe une région appelée l'Arctique, qui a pour centre le pôle Nord. De l'autre côté du globe se trouve le cercle polaire antarctique. Il délimite l'Antarctique, une région dont le centre est le pôle Sud.

Liens Internet

Cette étude de mesure de la latitude et de la longitude d'un lieu a été réalisée par un collège de 5e.

Pour le lien vers ce site, connecte-toi à : **www.usborne-quicklinks.com/fr**

Les coordonnées

Latitudes et longitudes se mesurent en degrés (°). La position d'un lieu est déterminée par rapport à sa latitude et à sa longitude, appelées coordonnées. Par exemple, un endroit dont les coordonnées sont 50° S. et 100° E. a une latitude de 50 degrés sud de l'équateur et une longitude de 100 degrés est du méridien de Greenwich.

Trouver un lieu

Pour obtenir des mesures plus précises, la distance entre chaque degré est divisée en 60 minutes (′) et chaque minute est divisée en 60 secondes (″). Ces subdivisions permettent ainsi de localiser n'importe quel endroit sur la Terre. Par exemple, New York, aux États-Unis, a pour coordonnées 40° 42′ 51″ N. et 74° 00′ 23″ W (pour West en anglais).

Les forêts pluviales de Malaisie sont proches de l'équateur. Elles abritent de nombreux singes, comme cet orang-outang.

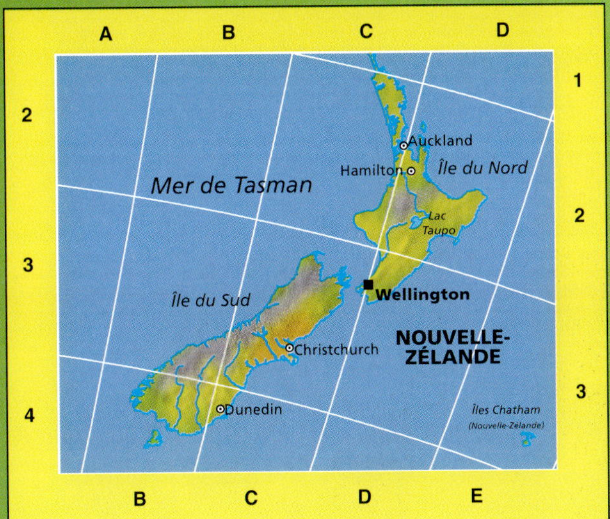

Cette carte quadrillée par des parallèles et des méridiens représente la Nouvelle-Zélande.

Comment se repérer

Les parallèles et les méridiens forment un quadrillage sur les cartes. Les cartes de ce livre sont similaires à celle de gauche. Les colonnes, formées par les méridiens, sont repérées par une lettre, tandis que les bandes, formées par les parallèles, sont numérotées.

Tous les lieux figurant dans l'index qui se trouve aux page 130 à 143 sont associés à une lettre et à un chiffre de référence. Ceux-ci te permettront de les repérer sur une page donnée. Par exemple, sur la carte de gauche, la ville de Christchurch aura la référence C3.

LA CARTOGRAPHIE

Les techniques qui permettent d'établir des cartes sont regroupées sous le nom de cartographie. Les cartographes, qui élaborent les cartes, rassemblent des informations sur une région et la représentent sous forme d'un schéma aussi précis que possible.

Liens Internet

Dans ce site bien expliqué, découvre plus en détail les différentes étapes de la représentation cartographique.

Pour le lien vers ce site, connecte-toi à : **www.usborne-quicklinks.com/fr**

Créer des cartes

De nombreuses sources d'informations sont utilisées pour créer les cartes, comme des images-satellites ou des photographies aériennes. Les cartographes visitent aussi la région et y effectuent des mesures complémentaires.

Ils se servent également des statistiques, de population par exemple, issues de recensements et d'autres documents. Pendant leur établissement, les cartes sont méticuleusement vérifiées pour s'assurer qu'elles sont exactes et bien à jour.

Les projections

Les cartographes ne peuvent pas dessiner le monde exactement tel qu'il est parce qu'il est impossible de représenter à plat une surface incurvée sans distordre (étirer ou aplatir) certaines zones. Une représentation de la Terre sur une carte est appelée une projection. Les projections suivent des règles mathématiques complexes.

Il existe trois principaux types de projection – cylindrique, conique et azimutale – et un certain nombre de variations. Tous distordent la surface de la Terre d'une façon ou d'une autre, en altérant les formes ou les tailles des régions, ou les distances entre les lieux.

Pour vérifier les dimensions d'une parcelle de terrain, le cartographe utilise un théodolite.

Les projections cylindriques

Une projection cylindrique est l'image que l'on obtient en enroulant autour d'un globe, à l'intérieur duquel on a allumé une lumière, un morceau de papier pour former un cylindre. Les formes des pays sont projetées sur le papier. Vers le milieu, elles sont exactes, mais plus on s'en éloigne et plus elles sont distordues.

Les cartographes altèrent souvent la projection cylindrique de base pour minimiser les distorsions dans certaines régions, mais ils ne peuvent pas faire une carte entièrement précise.

Cette feuille de papier enroulée autour du globe montre comment on obtient une projection cylindrique.

Ce type de projection cylindrique est appelé projection de Mercator. Elle fut inventée en 1596 par un cartographe du nom de Gerardus Mercator. Les pays ont la forme correcte, mais ceux qui sont près des pôles sont trop grands.

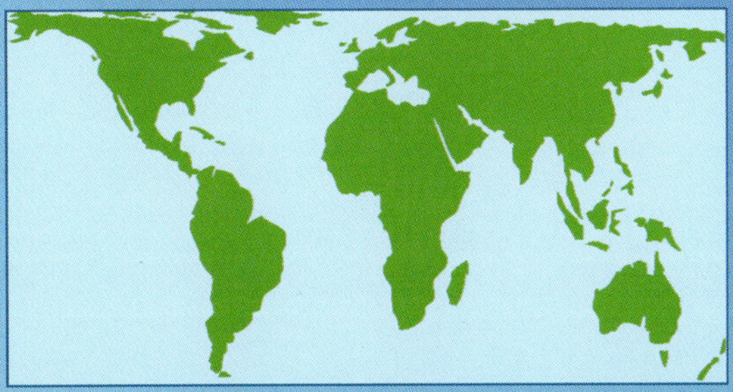

Dans cette projection cylindrique, les pays ont la bonne taille les uns par rapport aux autres, mais certaines parties sont trop longues. Cette projection fut inventée en 1973 par Arno Peters. On l'appelle la projection de Peters.

La projection conique

La projection conique est l'image obtenue si on enroule un cône de papier autour d'une partie d'un globe éclairé de l'intérieur. La projection est la plus précise dans la zone de contact du cône avec le globe.

Ce cône de papier enroulé autour du globe illustre comment on obtient une projection conique.

Voici une projection conique. Les territoires qui sont le plus près du sommet du cône sont les plus distordus.

La projection azimutale

Dans la projection azimutale, l'image est obtenue en plaçant un papier contre le globe éclairé de l'intérieur. Seule la zone projetée au centre du papier est précise ; les régions plus éloignées sont distordues.

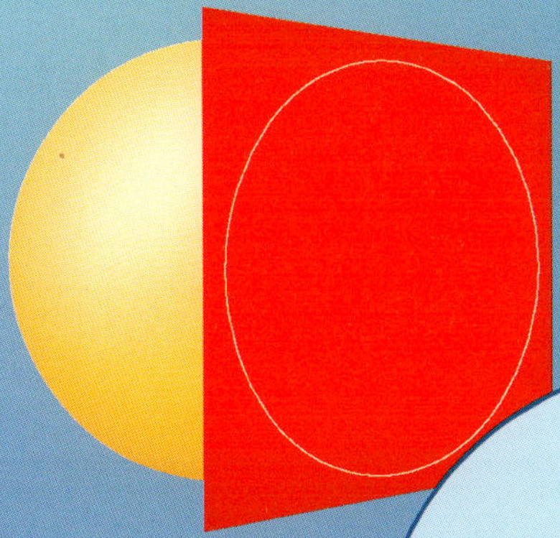

Cette feuille de papier placée contre le globe illustre comment on obtient une projection azimutale.

Voici une projection azimutale. Plus on s'éloigne du centre, plus les territoires sont déformés.

CARTES THÉMATIQUES

Certaines cartes, comme celles de ces pages, donnent des informations sur un thème particulier ; on les appelle des cartes thématiques. Elles permettent de comparer les caractéristiques de différentes régions grâce à des symboles faciles à comprendre.

Le pétrole est extrait du sous-sol de ce champ pétrolifère au moyen de pompes. Puis il est acheminé vers des raffineries par des oléoducs pour être transformé en produits tels que l'essence.

Les ressources naturelles

La Terre recèle des ressources utiles. Minéraux et roches peuvent être employés dans la construction et les combustibles, tels charbon, gaz et pétrole, contiennent de l'énergie qui est transformée en chaleur ou en électricité.

Les pays qui possèdent des ressources naturelles importantes deviennent très riches. Ainsi, l'Arabie Saoudite, au Proche-Orient, a d'énormes réserves de gaz et de pétrole qu'elle exporte dans le monde entier.

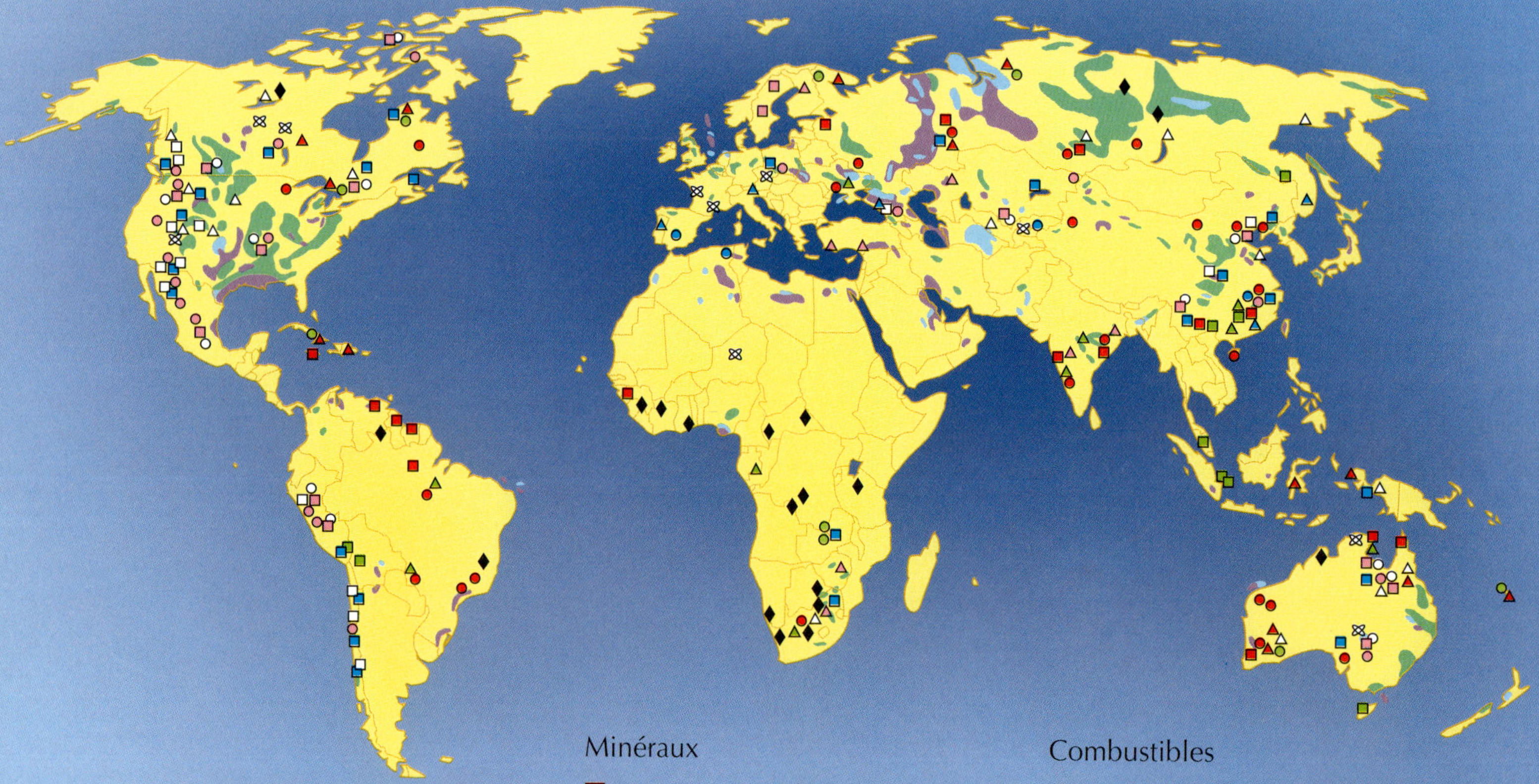

Minéraux

Bauxite
Chrome
Cobalt
Cuivre
Diamants
Or
Fer
Plomb
Manganèse
Mercure
Molybdène
Nickel
Argent
Étain
Tungstène
Zinc

Combustibles

Charbon
Gaz naturel
Pétrole
Uranium

Cette carte montre les principales régions du monde où l'on trouve des minéraux et des combustibles naturels. Plus de la moitié des ressources en pétrole, gaz et charbon se trouvent en Asie et au Proche-Orient.

Les différents climats

Le temps qu'il fait sur le long terme ou son schéma typique dans une région particulière est appelé climat. D'une région à l'autre du monde, les climats varient énormément. Ils dépendent beaucoup des latitudes. Ainsi, les régions les plus chaudes sont celles qui sont les plus proches de l'équateur.

D'autres facteurs, comme le vent, l'altitude ou les océans, influencent aussi les climats. Les régions maritimes ont généralement un climat plus doux et plus humide que les régions continentales.

Cette carte montre cinq différents types de climats. Les régions arides sont généralement chaudes, mais les températures peuvent aussi y descendre très bas. Certaines zones sèches, comme le désert de Gobi, en Mongolie (Asie), sont extrêmement froides en hiver.

Polaire
Froid
Tempéré
Sec
Tropical

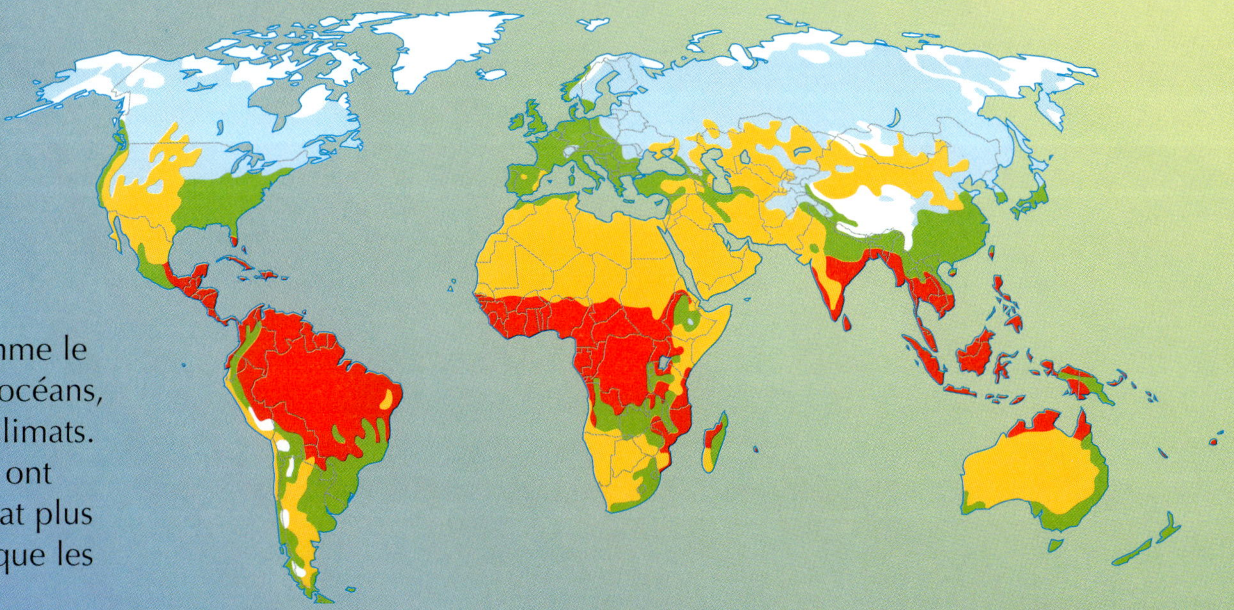

La population

Notre planète est peuplée de plus de six milliards d'êtres humains et cette population continue de s'accroître. Selon les spécialistes, elle pourrait atteindre les neuf milliards vers 2050. On appelle densité de population le nombre de gens vivant dans une région donnée. L'Europe et l'Asie sont les continents les plus peuplés. Environ le tiers de la population du monde vit en Chine et en Inde.

Liens Internet

Découvre sur le lien de ce site combien il y avait d'hommes sur la Terre au moment de ta naissance, ainsi que les conséquences de l'augmentation de la population.

Pour le lien vers ce site, connecte-toi à : **www.usborne-quicklinks.com/fr**

Sur cette carte, on peut voir la densité moyenne de population dans chaque pays. Les coloris indiquent le nombre de personnes au km².

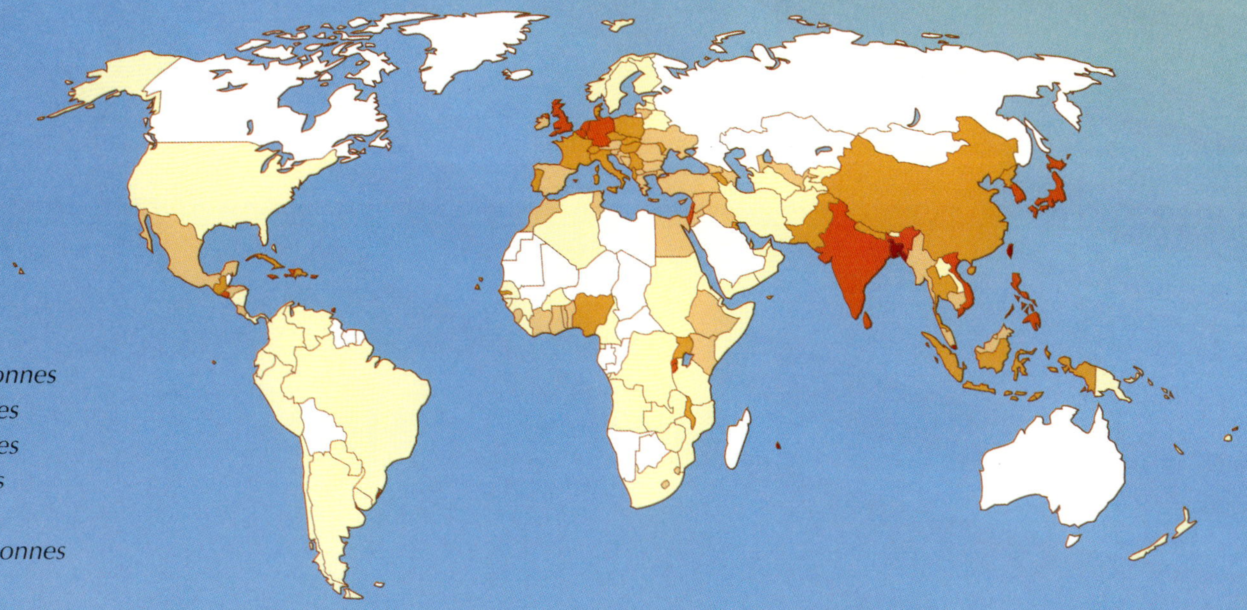

Plus de 500 personnes
200-500 personnes
100-200 personnes
50-100 personnes
10-50 personnes
Moins de 10 personnes

COMMENT LIRE LES CARTES

Chaque section continentale de cet atlas commence par une carte politique figurant le continent dans son ensemble. Les autres cartes, à une échelle plus grande, montrent les diverses parties du continent plus en détail.

Les cartes politiques

Les couleurs figurant sur les cartes politiques de cet atlas ont pour but de t'aider à voir clairement les différents pays qui forment chaque continent, en particulier leurs frontières et leur capitale. Avec les cartes, tu trouveras aussi des informations et des données sur les continents et sur leurs caractéristiques.

Extrait de la carte politique de l'Amérique du Sud. La carte entière se trouve pages 36-37.

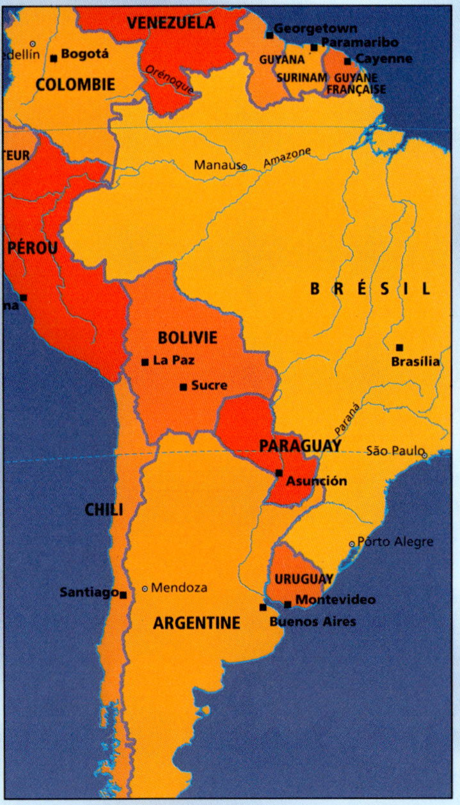

Les cartes physiques

La plupart des cartes proposées dans cet atlas sont des cartes physiques, comme celle de droite. Les coloris indiquent les différents types de terrains tels que déserts, montagnes ou zones humides.

En page de droite, la légende explique la signification des couleurs. On y trouve aussi les symboles utilisés pour représenter les villes et autres caractéristiques. Chaque carte physique est accompagnée d'un encadré plus petit qui rappelle les principaux symboles utilisés.

Trouver un lieu

Pour trouver un lieu précis ou une particularité sur une carte physique, recherche son nom dans l'index des pages 130-143. Le numéro de sa page et ses repères figurent à côté du nom. Reporte-toi à la page 11 pour l'utilisation de la grille des coordonnées.

La carte de droite est une partie de la carte physique des États-Unis. Les légendes numérotées du haut expliquent certaines données cartographiques importantes.

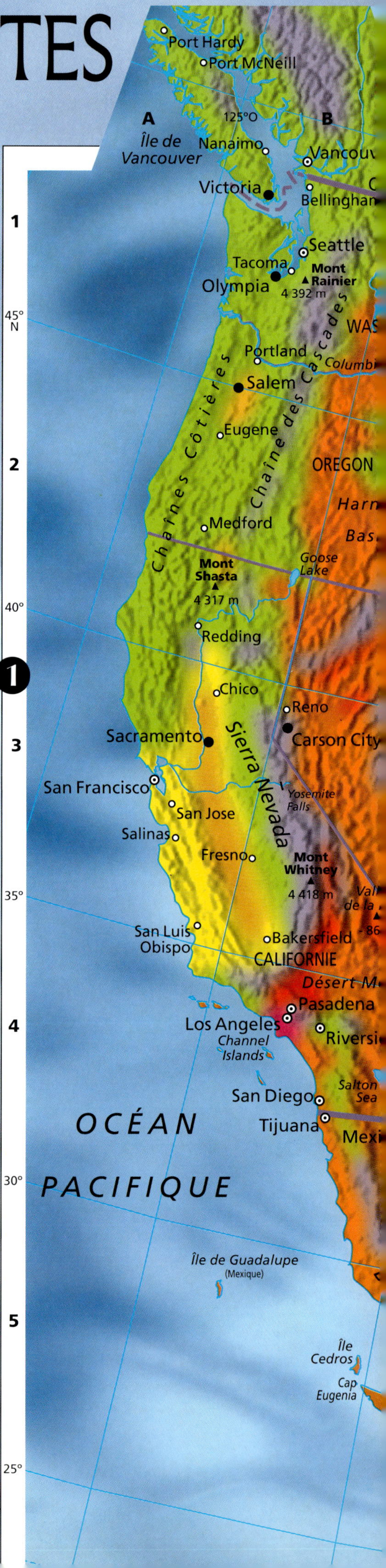

❶ Les lettres et les chiffres sur les bords des cartes permettent de repérer un lieu trouvé dans l'index.

❷ Les lignes bleues, fines et droites, sont les parallèles et les méridiens.

❸ Les noms des pays sont en grosses lettres capitales.

❹ Lignes violettes épaisses : frontières des pays.
❺ Lignes violettes plus fines : frontières des régions d'un pays.

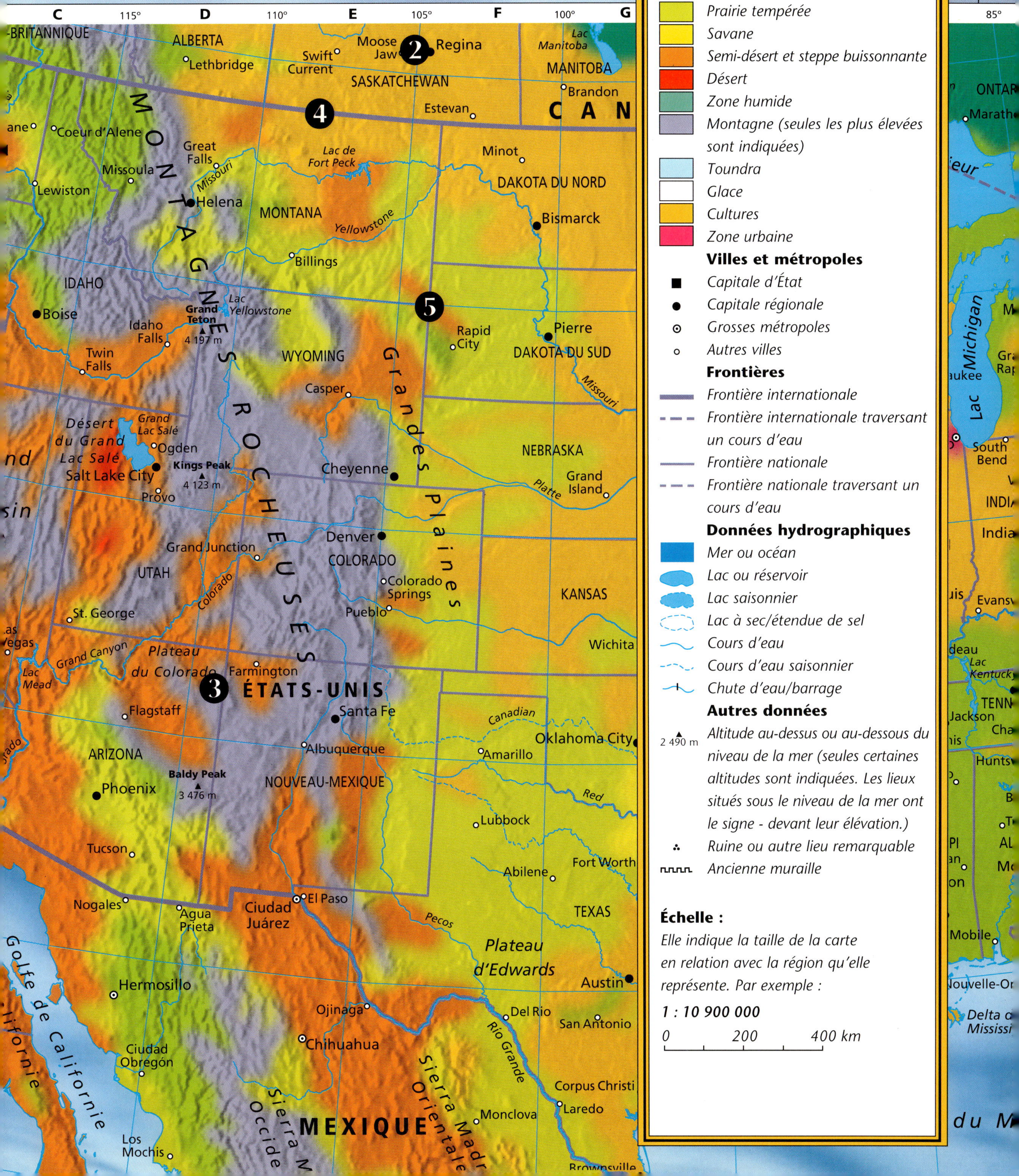

Légende

Zones de végétation
- *Forêt boréale*
- *Forêt tempérée*
- *Forêt tropicale*
- *Prairie tempérée*
- *Savane*
- *Semi-désert et steppe buissonnante*
- *Désert*
- *Zone humide*
- *Montagne (seules les plus élevées sont indiquées)*
- *Toundra*
- *Glace*
- *Cultures*
- *Zone urbaine*

Villes et métropoles
- *Capitale d'État*
- *Capitale régionale*
- *Grosses métropoles*
- *Autres villes*

Frontières
- *Frontière internationale*
- *Frontière internationale traversant un cours d'eau*
- *Frontière nationale*
- *Frontière nationale traversant un cours d'eau*

Données hydrographiques
- *Mer ou océan*
- *Lac ou réservoir*
- *Lac saisonnier*
- *Lac à sec/étendue de sel*
- *Cours d'eau*
- *Cours d'eau saisonnier*
- *Chute d'eau/barrage*

Autres données
- 2 490 m *Altitude au-dessus ou au-dessous du niveau de la mer (seules certaines altitudes sont indiquées. Les lieux situés sous le niveau de la mer ont le signe - devant leur élévation.)*
- *Ruine ou autre lieu remarquable*
- *Ancienne muraille*

Échelle :
Elle indique la taille de la carte en relation avec la région qu'elle représente. Par exemple :

1 : 10 900 000

0 200 400 km

160°
140°
120°
100°
80°
60°
40°
20° O
0°
GROENLAND
(Danemark)
Cercle polaire arctique
ALASKA
(États-Unis)
ISLANDE
IRLANDE
ROYAUME-UNI
CANADA
ÉTATS-UNIS
Açores
(Portugal)
PORTUGAL
ESPAGNE
MAROC
Îles Canaries
(Espagne)
SAHARA OCCIDENTAL
(Maroc)
Tropique du Cancer
20° N
Hawaii
(États-Unis)
MEXIQUE
BAHAMAS
CUBA
RÉPUBLIQUE DOMINICAINE
HAÏTI
JAMAÏQUE
BELIZE
GUATEMALA
HONDURAS
SALVADOR
NICARAGUA
Mer des Caraïbes
DOMINIQUE
ÎLES DU CAP-VERT
MAURITANIE
MALI
SÉNÉGAL
GAMBIE
GUINÉE-BISSAU
GUINÉE
BURKINA
SIERRA LEONE
LIBERIA
CÔTE-D'IVOIRE
GHANA
TOGO
SÃO TOMÉ ET PRÍNCIPE
COSTA RICA
PANAMA
TRINITÉ-ET-TOBAGO
VENEZUELA
GUYANA
SURINAM
GUYANE FRANÇAISE
COLOMBIE
OCÉAN PACIFIQUE
Îles Galápagos
(Équateur)
Équateur
ÉQUATEUR
KIRIBATI
PÉROU
BRÉSIL
OCÉAN ATLANTIQUE
Îles Cook
(Nouvelle-Zélande)
Polynésie française
(France)
20° S
BOLIVIE
Tropique du Capricorne
PARAGUAY
Île Pitcairn
(G.-B.)
CHILI
URUGUAY
ARGENTINE
1 : 72 700 000
0 1 000 2 000 3 000 4 000 5 000 km
Îles Falkland
(G.-B.)
Géorgie du Sud
(G.-B.)
Cercle polaire antarctique
Mer de Weddell

Copyright © Usborne Publishing Ltd.

Mer de Beaufort
Île Victoria
Îles de la Reine-Élisabeth
Île d'Ellesmere
Groenland
Baie de Baffin
Terre de Baffin
Mer du Groenland
Islande
Cercle polaire arctique
Alaska
Yukon
Mont McKinley
6 194 m
Golfe de l'Alaska
Îles Aléoutiennes
Baie d'Hudson
Mer du Labrador
Terre-Neuve
Îles Britanniques
AMÉRIQUE DU NORD
Montagnes Rocheuses
Grandes plaines
Grands Lacs
Appalaches
Mississippi
Açores
Îles Canaries
Atlas
Tropique du Cancer
Golfe du Mexique
Cuba
Antilles
Grandes Antilles
Hawaii
Îles du Cap-Vert
Mer des Caraïbes
Petites Antilles
Massif des Guyanes
Équateur
Îles Galápagos
Bassin de l'Amazone
Amazone
OCÉAN PACIFIQUE
Polynésie
Selvas
OCÉAN ATLANTIQUE
AMÉRIQUE DU SUD
Cordillère des Andes
Désert d'Atacama
Tahiti
Tropique du Capricorne
Île de Pâques
Aconcagua
6 959 m
Pampa
1 : 72 700 000
0 1 000 2 000 3 000 4 000 5 000 km
Patagonie
Îles Falkland
Cap Horn
Géorgie du Sud
Cercle polaire antarctique
Péninsule Antarctique
Mer de Weddell

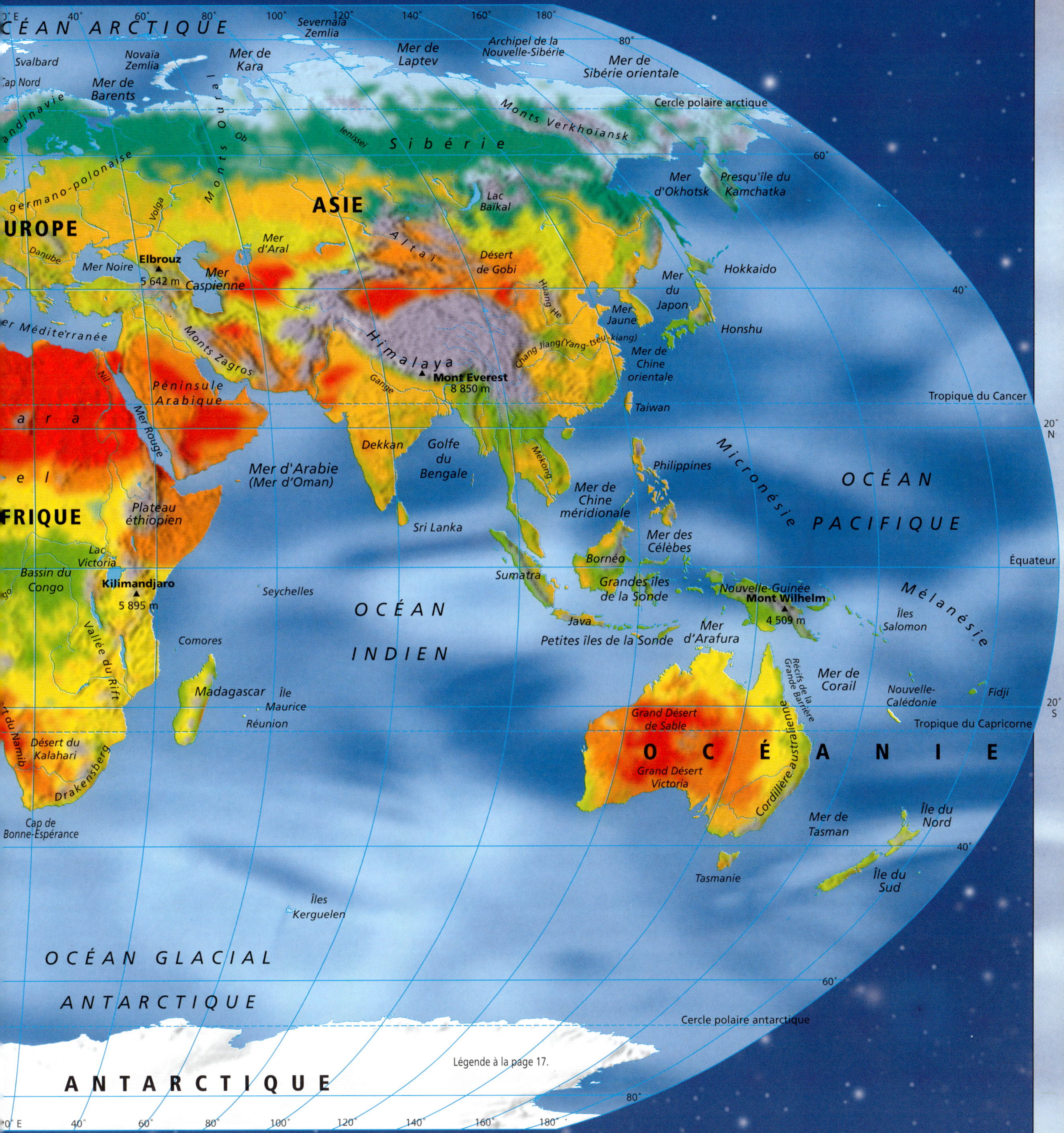

Légende à la page 17.

Copyright © Usborne Publishing Ltd.

L'AMÉRIQUE DU NORD

Selon le contexte, le terme « Amérique du Nord » ne signifie pas toujours la même chose. Dans cet atlas, l'Amérique du Nord inclut le Groenland, le Canada, les États-Unis, les Antilles et les pays d'Amérique centrale qui s'étendent sur l'étroite bande de terre reliant les États-Unis à l'Amérique du Sud. Plus de 20 pays, dont le Canada, le second plus grand pays du monde, constituent ce continent.

Ces colonnes de pierre sculptées par l'érosion sont appelées « cheminées de fées ». Elles se trouvent dans le parc national de Bryce Canyon, aux États-Unis.

Copyright © Usborne Publishing Ltd.

Sur cette carte, les différents coloris permettent de repérer les pays qui forment le continent.

Données

Superficie totale 22 656 190 km²
Population totale 487 millions
Plus grande ville Mexico, Mexique
Plus grand pays Canada
9 970 610 km²
Plus petit pays Saint-Christophe-et-Niévès *269 km²*

Plus haut sommet (point culminant) Mont McKinkley, Alaska, États-Unis *6 194 m*
Plus long fleuve Mississippi/Missouri États-Unis *6 019 km*
Plus grand lac Lac Supérieur, entre les États-Unis et le Canada *82 414 km²*
Plus haute chute d'eau Yosemite Falls, sur le Yosemite Creek, Californie, États-Unis *739 m*
Plus grand désert Désert du Grand Bassin, États-Unis *492 000 km²*
Plus grande île Groenland *2 175 600 km²*

Principaux gisements de minerais Argent, or, cuivre, plomb, zinc, graphite, molybdène, nickel
Principaux gisements de combustibles Pétrole, charbon, gaz naturel, uranium

Cet aigle appelé pygargue à tête blanche est l'emblème national des États-Unis. Les plumes de sa queue sont également blanches.

L'Amérique du Nord s'étend sur une immense superficie, depuis le sud du pôle Nord jusqu'au nord de l'équateur. Dans le Grand Nord, la terre est gelée et désolée, tandis que les régions du Sud sont luxuriantes et tropicales. L'Ouest est dominé par les montagnes Rocheuses couronnées de neige.

Sur cette image-satellite de l'Amérique du Nord, les régions sèches apparaissent en brun, la végétation en vert et les zones couvertes de glace en blanc.

De vastes parcs nationaux

L'Amérique du Nord compte de nombreux grands parcs naturels protégés qui abritent une faune très riche. L'un des plus célèbres est le Yellowstone, dans le Wyoming, aux États-Unis, où l'on peut voir des loups, des ours noirs et de nombreux autres animaux, mais aussi des sources d'eau chaude naturelles et des geysers.

Une île en éruption

Le Mauna Loa, le plus grand volcan du monde et l'un des plus actifs, couvre la moitié de l'île d'Hawaii. Ses éruptions sont menaçantes et il est constamment sous surveillance. La plus importante eut lieu en 1950. Une véritable rivière de lave en fusion s'écoula sur 24 km jusqu'à la mer, détruisant les routes et les maisons sur son passage.

Cette image-satellite montre une partie du Mauna Loa. Le cercle sombre en haut est le cratère du volcan qui expulse régulièrement de la lave et des gaz.

Cet énorme lac est une source d'eau chaude naturelle située dans le parc de Yellowstone, dans le Wyoming, aux États-Unis. L'eau est chauffée par l'activité volcanique souterraine.

Liens Internet

Sur ce beau site riche en photographies, découvre les parcs nationaux des États-Unis, en particulier celui de Yellowstone.

Pour le lien vers ce site, connecte-toi à : **www.usborne-quicklinks.com/fr**

Voici la partie la plus au sud du bassin du Mississippi. Le fleuve, qui se divise en plusieurs bras, forme un immense delta avant de se jeter dans la mer.

Le puissant Mississippi

Le Mississippi/Missouri est le système fluvial le plus long d'Amérique du Nord et le quatrième plus long du monde. Le Mississippi coule du Minnesota, au nord des États-Unis, jusqu'au golfe du Mexique, au sud. Le Missouri prend sa source dans le Montana, à l'ouest, et se jette dans le Mississippi, dans l'État du Missouri. Voie navigable très fréquentée, ce système fluvial est aussi vital pour la faune sauvage. En effet, les oiseaux migrateurs le suivent lorsqu'ils volent vers le Sud en hiver.

Le Grand Canyon

Le Grand Canyon, en Arizona, aux États-Unis, est la gorge la plus profonde du monde. Cette vallée spectaculaire s'étend sur plus de 400 km. En certains endroits, elle atteint 1,6 km de profondeur et 29 km de largeur.

Le Grand Canyon a été taillé par le fleuve Colorado qui a érodé les roches pendant des millénaires. Il est possible de descendre le long des pentes du canyon, mais elles sont si abruptes qu'il faut une journée entière pour atteindre le fond.

Sur cette image-satellite, on peut voir le Grand Canyon avec ses bords déchiquetés balafrant l'état aride et plat de l'Arizona, aux États-Unis. Des canyons plus petits viennent s'y joindre.

Le Canada et les États-Unis occupent la plus grande partie de l'Amérique du Nord. On y trouve de grandes cités très dynamiques, des forêts, des déserts et beaucoup de vastes espaces naturels.

Un énorme nuage de vapeur d'eau s'élève de cette chute en forme de fer à cheval, l'une des deux chutes qui constituent les chutes du Niagara. Elles marquent la frontière entre les États-Unis (à gauche) et le Canada (à droite).

Un pays froid

Au Canada, il fait froid et les hivers sont très enneigés, particulièrement dans les régions du Nord et de l'Est. À Montréal, une fois, il est tombé 1 m de neige en une journée. Rien d'étonnant à ce que le Canada soit réputé pour ses sports d'hiver : ski, patinage ou encore hockey sur glace.

Sur la frontière

La frontière entre le Canada et les États-Unis est la plus longue du monde : elle s'étend sur 6 416 km. À l'est, elle traverse plusieurs vastes lacs : les Grands Lacs. C'est là que se trouvent les célèbres chutes du Niagara : les eaux du lac Érié se précipitent dans le vide en formant de gigantesques cascades.

De grandes cités

New York est la plus grande ville des États-Unis mais aussi la capitale financière du pays. Los Angeles, la capitale du cinéma, est une autre énorme métropole, et Las Vegas s'enorgueillit de compter le plus grand nombre de chambres d'hôtel.

La nuit, les casinos et les hôtels de Las Vegas sont illuminés par des milliers de néons colorés.

Un désert torride

La vallée de la Mort, en Californie, est l'endroit le plus sec des États-Unis et l'un des plus chauds du monde. Dans cette immense région sauvage, la température peut atteindre 57 °C. Le désert est généralement stérile, mais lorsque survient une averse, des fleurs sauvages s'épanouissent entre les rochers.

Cet alligator du Mississippi somnole dans l'un des marais côtiers de Floride. Les alligators se nourrissent d'oiseaux, de grenouilles et d'autres animaux. Ils avalent même parfois d'autres petits alligators.

Un État ensoleillé

La Floride, dans le sud-est des États-Unis, bénéficie d'un climat chaud et tropical, d'où son surnom d'« État ensoleillé ». Au sud, des terres marécageuses, les Everglades, abritent une faune sauvage variée dont le puma (ou panthère) de Floride et l'alligator du Mississippi.

> **Liens Internet**
>
> Le Canada en images... Tu peux voir ici de superbes photos de ce pays.
>
> Pour le lien vers ce site, connecte-toi à : **www.usborne-quicklinks.com/fr**

Le gratte-ciel au premier plan de cette vue nocturne de Las Vegas est une réplique du Chrysler Building de New York. Il fait partie d'un hôtel extravagant de 12 tours, chacune reproduisant un monument célèbre de New York.

Le Mexique, avec ses ruines antiques et ses villes surpeuplées, est le principal pays de l'Amérique centrale. Plus au sud, dans les autres pays proches de la frontière avec l'Amérique du Sud, on trouve de magnifiques plages, des forêts tropicales et des volcans redoutables.

Cette fresque murale aux couleurs vives se trouve dans la ville côtière de Cancún, l'un des sites les plus touristiques du Mexique.

Ces statues se dressent à Tula, au Mexique. Elles furent sculptées par les Toltèques et devaient, à l'origine, être les colonnes de soutien d'un toit.

Un urbanisme étouffant

Le Mexique est très peuplé et des millions de touristes le visitent chaque année. La plus grande ville, Mexico, qui est aussi la capitale, accueille presque le quart de la population totale du pays. Elle est surpeuplée et très polluée. Beaucoup de gens y vivent dans la plus grande pauvreté, ne disposant même pas d'eau potable.

Des ruines antiques

Au Mexique et dans les pays voisins s'élèvent les ruines de nombreuses cités antiques construites par d'anciens peuples comme les Mayas et les Toltèques. Les Mayas établirent un empire puissant vers 200 à 900 apr. J.-C. tandis que les Toltèques régnèrent de 900 à 1200 apr. J.-C. Grands bâtisseurs, ces peuples érigèrent des statues délicatement sculptées et des temples impressionnants.

Le volcan Arenal lors d'une récente éruption. La lave peut s'écouler à plus de 2 km de la base du volcan.

Le pays des volcans

Plus de 40 volcans couvrent la côte pacifique de l'Amérique centrale. La lave des éruptions contribue à la fertilité du sol et donc aux bonnes récoltes, bananes et café en particulier. Régulièrement, les volcans entrent en éruption, ce qui est très dangereux. Ainsi, l'éruption de l'Arenal, au Costa Rica, en 1963, raya de la carte une ville entière. Ce volcan produit toujours de fréquentes coulées de lave.

Coati en train de festoyer sur un bananier au Costa Rica. Ce mammifère d'Amérique centrale se nourrit de toutes sortes de fruits.

Soleil et cyclones

Les Antilles sont réputées pour leurs magnifiques plages de sable et leur climat chaud. Mais ces îles, situées dans l'océan Atlantique, se trouvent sur le passage d'orages tropicaux et de cyclones, dont les vents peuvent atteindre 250 km/h.

Liens Internet

Ce site très complet sur le Mexique t'emmènera visiter les grandes villes et les sites archéologiques de ce pays.

Pour le lien vers ce site, connecte-toi à : **www.usborne-quicklinks.com/fr**

Relier les océans

Le canal de Panamá est l'une des voies navigables les plus fréquentées du monde. Il traverse le Panamá et sert de raccourci aux bateaux naviguant entre l'Atlantique et le Pacifique. Avant son ouverture, les navires devaient contourner l'Amérique du Sud et faire 12 500 km en plus !

Canada et Alaska
Forêt boréale
Forêt tempérée
Forêt tropicale
Prairie tempérée
Savane
Semi-désert et steppe
Désert
Zone humide
Montagne
Toundra
Glace
Cultures
Zone urbaine
Capitale d'État
Capitale régionale
Grosses métropoles
Autres villes
Frontière internationale
Frontière nationale
2 490 m Altitude au-dessus ou au-dessous du niveau de la mer
Voir aussi la légende page 17.
1 : 14 500 000
0 200 400 600 km
OCÉAN ARCTIQUE
OCÉAN PACIFIQUE
FÉD. DE RUSSIE
Cercle polaire arctique
Mer des Tchouktches
Détroit de Béring
Mer de Béring
Île Saint-Laurent
Teller
Seward Peninsula
Wainwright
Point Barrow
Prudhoe Bay
Chaîne de Brooks
Mer de Beaufort
Île Nunivak
Bethel
Yukon
ALASKA (États-Unis)
Mont McKinley 6 194 m
Chaîne de l'Alaska
Fairbanks
Baie de Bristol
Lac Iliamna
Péninsule de l'Alaska
Anchorage
Seward
Île Kodiak
Golfe de l'Alaska
Dawson
Monts Mackenzie
Mackenzie
Baie du Mackenzie
Inuvik
Golfe d'Amundsen
Île Banks
Île Melville
Île Victoria
Détroit de McClure
Détroit de Melville
Îles de la Reine
Grand Lac de l'Ours
TERRITOIRE DU YUKON
Mont Logan 5 959 m
Whitehorse
TERRITOIRES DU NORD-OUEST
Watson Lake
Yellowknife
Juneau
Archipel Alexandre
Dease Lake
Fort Providence
Lac Dubawnt
Grand Lac de l'Esclave
Chaîne Côtière
MONTAGNES ROCHEUSES
Fort Nelson
Fort Chipewyan
Lac Athabasca
Fort Vermilion
Lac Wollaston
Prince Rupert
COLOMBIE-BRITANNIQUE
Fort Saint John
Peace River
Fort McMurray
Lac Caribou
Îles de la Reine-Charlotte
Grande Prairie
ALBERTA
Prince George
Mont Robson 3 954 m
Athabasca
Whitecourt
Hinton
Edmonton
Flin Flon
Port Hardy
Williams Lake
Port McNeill
Lloydminster
Prince Albert
Île de Vancouver
Red Deer
Kamloops
Saskatoon
Revelstoke
Nanaimo
Vancouver
Calgary
Kelowna
SASKATCHEWAN
Victoria
Bellingham
Moose Jaw
Regina
Lethbridge
Swift Current
Seattle
Olympia
Mont Rainier 4 392 m
Estevan
WASHINGTON
Missouri
Columbia
Salem
Helena
MONTANA
ÉTATS
Chaînes Côtières
Chaîne des Cascades
OREGON
IDAHO
Boise
Grand Teton 4 197 m
WYOMING
CALIFORNIE
NEVADA
CA
60° N
50°
40°
170°O
160°
150°
140°
130°
120°
110°
130°O
B C D E F G H J
3 4 5

Copyright © Usborne Publishing Ltd.

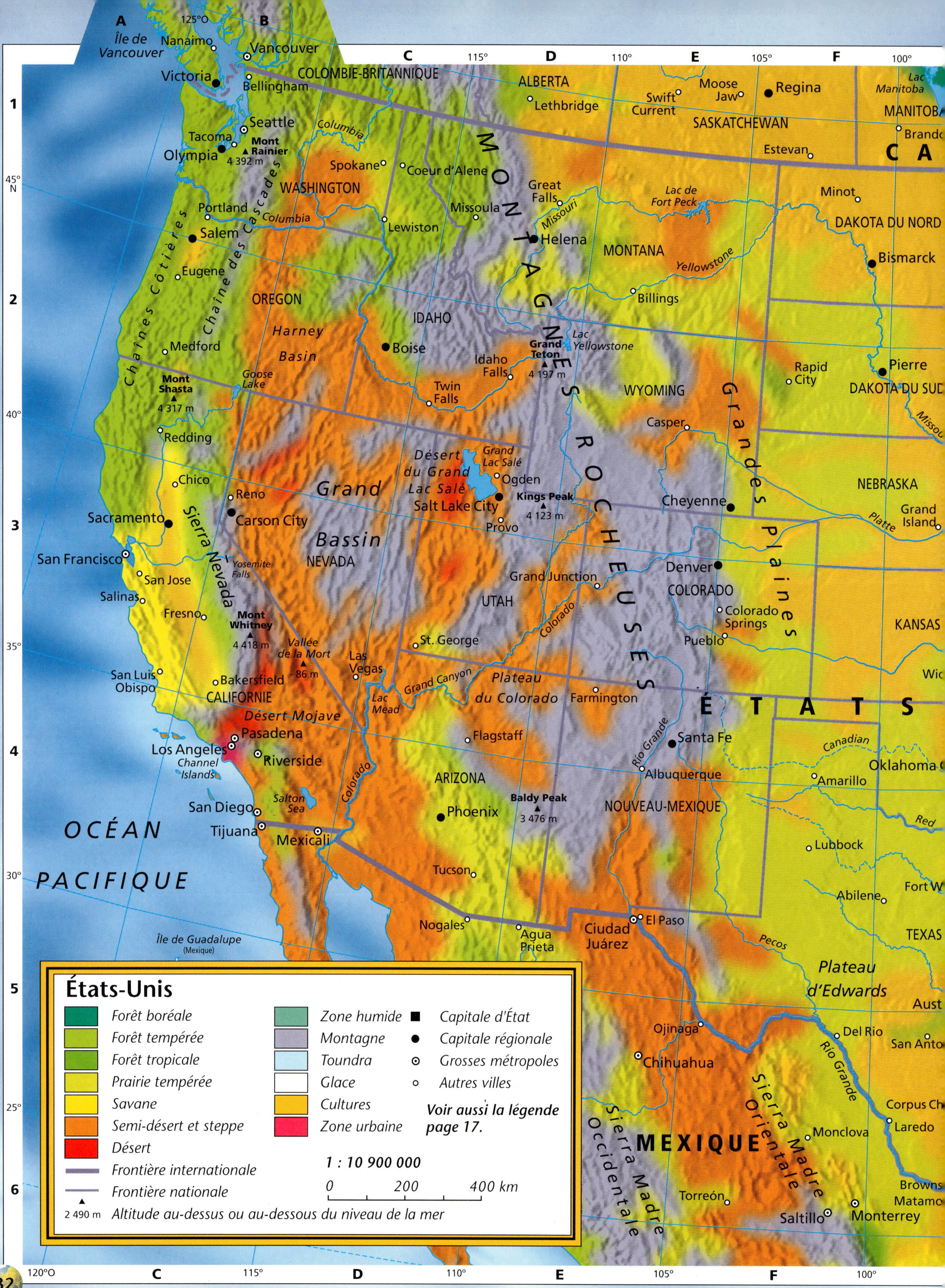

Copyright © Usborne Publishing Ltd.

95°
H
90°
J
85°
K
80°
L
75°
M
70°
N
65°
1
2
3
4
5
6
45° N
40°
35°
30°
25°
Lac Winnipeg
Kenora
Dryden
Lac des Bois
Lac Nipigon
ONTARIO
Marathon
Thunder Bay
Lac Supérieur
Réservoir Gouin
Chicoutimi
Bathurst
Edmundston
NOUVEAU-BRUNSWICK
QUÉBEC
Québec
Saint-Laurent
Fredericton
Saint-Jean
MAINE
St. Stephen
Bangor
Kirkland Lake
Val-d'Or
Réservoir Cabonga
Trois-Rivières
Montréal
Ottawa
North Bay
Sudbury
Sault-Sainte-Marie
Duluth
MINNESOTA
Minneapolis
Saint Paul
Mississippi
WISCONSIN
Green Bay
Lac Michigan
MICHIGAN
Lac Huron
Huntsville
Kingston
Owen Sound
Toronto
Lac Ontario
Hamilton
London
Chutes du Niagara
Buffalo
Rochester
Syracuse
VERMONT
Montpelier
NEW HAMPSHIRE
Augusta
Portland
Golfe du Maine
NEW YORK
Concord
Boston
Albany
MASSACHUSETTS
Cap Cod
Providence
Springfield
RHODE ISLAND
Hartford
CONNECTICUT
Jamestown
Erie
Lac Érié
Detroit
Windsor
Lansing
Grand Rapids
Milwaukee
Madison
Sioux City
Cedar Rapids
IOWA
Des Moines
Rockford
Chicago
South Bend
Fort Wayne
Toledo
Cleveland
PENNSYLVANIE
Newark
New York
Trenton
Harrisburg
Philadelphie
NEW JERSEY
Atlantic City
Pittsburgh
OHIO
Baltimore
Dover
MARYLAND
DELAWARE
Annapolis
Washington D.C.
Omaha
Lincoln
Peoria
ILLINOIS
INDIANA
Columbus
Quincy
Springfield
Indianapolis
Cincinnati
VIRGINIE-OCCIDENTALE
Charleston
Charlottesville
VIRGINIE
Richmond
Roanoke
Virginia Beach
Kansas City
Jefferson City
Saint Louis
Evansville
Ohio
Frankfort
Lexington
KENTUCKY
Appalaches
MISSOURI
Cape Girardeau
Springfield
Ozark
Plateau
Lac Kentucky
Nashville
Knoxville
Greensboro
Raleigh
CAROLINE DU NORD
Cap Hatteras
TENNESSEE
Tennessee
Charlotte
OCÉAN ATLANTIQUE
Tulsa
Jonesboro
Jackson
Chattanooga
Memphis
Little Rock
Huntsville
Clark Hill Lake
Columbia
CAROLINE DU SUD
Atlanta
Charleston
ARKANSAS
Tupelo
Birmingham
Tuscaloosa
Macon
GÉORGIE
Texarkana
Greenville
MISSISSIPPI
ALABAMA
Meridian
Montgomery
Columbus
Albany
Savannah
Dallas
Shreveport
Vicksburg
Jackson
LOUISIANE
Hattiesburg
Valdosta
Jacksonville
Lac-réservoir Sam Rayburn
Lac-réservoir Toledo Bend
Mobile
Tallahassee
Pensacola
Daytona Beach
Beaumont
Baton Rouge
La Nouvelle-Orléans
Apalachee Bay
Orlando
Cap Canaveral
Galveston
Delta du Mississippi
FLORIDE
Tampa
Saint Petersburg
Lac Okeechobee
Golfe du Mexique
Grande Bahama
Freeport
Grand Abaco
BAHAMAS
Fort Lauderdale
Eleuthera
Miami
Nassau
Everglades
Île du Chat
Andros
Florida Keys
Key West
Détroit de Floride
Tropique du Cancer
Île Longue
Île Acklins
Matanzas
La Havane
CUBA
Santa Clara
Cienfuegos
Ciego de Ávila
Pinar del Río
Camagüey
85°
80°
75°
160°O
Même échelle que la grande carte
Îles Hawaii
Kauai
Oahu
Molokai
Honolulu
Kahului
Île Maui
HAWAII (États-Unis)
7
8
20°N
4 205 m
Hilo
OCÉAN PACIFIQUE
P
Hawaii
155°

ÉTATS-UNIS
MEXIQUE
CALIFORNIE
ARIZONA
NOUVEAU-MEXIQUE
OKLAHOMA
ARKANSAS
MISSISSIPPI
TEXAS
LOUISIANE
San Diego
Tijuana
Mexicali
Phoenix
Tucson
Nogales
Agua Prieta
Ciudad Juárez
El Paso
Lubbock
Abilene
Fort Worth
Dallas
Texarkana
Little Rock
Tupelo
Shreveport
Jackson
Waco
Hattiesburg
Austin
Baton Rouge
Houston
San Antonio
Galveston
La Nouvelle Orléans
Delta du Mississippi
Corpus Christi
Laredo
Brownsville
Matamoros
Monclova
Monterrey
Saltillo
Torreón
Durango
Ciudad Victoria
Tampico
Matehuala
San Luis Potosí
Aguascalientes
León
Celaya
Guadalajara
Puerto Vallarta
Colima
Morelia
Uruapan
Teotihuacán
Mexico
Puebla
Orizaba
5 610 m
Tehuacán
Veracruz
Oaxaca
Acapulco
Coatzacoalcos
Villahermosa
Ciudad del Carmen
Campeche
Mérida
Péninsule du Yucatán
Baie de Campeche
Isthme de Tehuantepec
Juchitán de Zaragoza
Golfe de Tehuantepec
Tuxtla Gutiérrez
Tajumulco (volcan) 4 220 m
Tapachula
Quezaltenango
Guatemala
GUATEMALA
San Salvador
SALVADOR
Belmopan
BELIZE
Tikal
Hermosillo
Ciudad Obregón
Los Mochis
Culiacán
Mazatlán
La Paz
Cap San Lucas
Ojinaga
Chihuahua
Île de Guadalupe (Mexique)
Île Cedros
Cap Eugenia
Basse-Californie
Golfe de Californie
Sierra Madre Occidentale
Sierra Madre Orientale
Sierra Madre del Sur
Hauts Plateaux Mexicains
Plateau d'Edwards
Rio Grande
Pecos
Red
Mississippi
4 054 m
Tropique du Cancer
Golfe du Mexique
Îles Revillagigedo (Mexique)
OCÉAN PACIFIQUE
Équateur
Îles Galápagos (Équateur)
Puerto Ayora
120°O
115°
110°
105°
100°
95°
90°
30° N
25°
20°
15°
10°
5° N
0°
OCÉAN ATLANTIQUE
Îles Vierges (G.-B.)
San Juan
Porto Rico (États-Unis)
Îles Vierges (États-Unis)
Anguilla (G.-B.)
Saint-Martin (France et Pays-Bas)
Îles Sous-le-Vent
ANTIGUA-ET-BARBUDA
Saint John's
Basseterre
SAINT-CHRISTOPHE-ET-NIÉVÈS
Montserrat (G.-B.)
Guadeloupe (France)
Basse-Terre
1 : 7 300 000
0 100 200 km
Îles du Vent
DOMINIQUE
Roseau
Martinique (France)
Fort-de-France
Mer des Caraïbes
Petites Antilles
Castries
SAINTE-LUCIE
Kingstown
LA BARBADE
SAINT-VINCENT-ET-LES-GRENADINES
Bridgetown
Saint-Georges
GRENADE
Île de Margarita
Porlamar
Tobago
Port d'Espagne
TRINITÉ-ET-TOBAGO
Trinité
Cumaná
VENEZUELA
65°O
60°
15° N

Copyright © Usborne Publishing Ltd.

L'AMÉRIQUE DU SUD

L'Amérique du Sud se compose de 12 pays indépendants et de la Guyane française, un territoire d'outremer. Le Brésil est le pays le plus grand et le plus industrialisé. Il couvre environ la moitié de la superficie totale du continent. La moitié de la population sud-américaine est aussi brésilienne.

Le guanaco, un proche parent du lama, est un membre sud-américain de la famille du chameau (camélidés). Ses poils sont utilisés pour confectionner des étoffes.

Sur cette carte, les différents coloris permettent de repérer les pays qui forment le continent.

Cette rainette aux yeux rouges habite les forêts tropicales d'Amérique centrale et du Sud.

Données

Superficie 17 866 130 km^2
Population 346 millions
Plus grande ville São Paulo, Brésil
Plus grand pays Brésil *8 547 400 km^2*
Plus petit pays Surinam *163 270 km^2*

Plus haut sommet (point culminant) Aconcagua, Argentine *6 959 m*
Plus long fleuve Amazone, principalement au Brésil *6 440 km*
Plus grand lac Lac Maracaibo, Venezuela *13 312 km^2*
Plus haute chute d'eau Chutes Angel, sur la rivière Churun, Venezuela *979 m*
Plus grand désert Désert de Patagonie *673 000 km^2*
Plus grande île Terre de Feu *46 360 km^2*

Principaux gisements de minerais Cuivre, étain, molybdène, bauxite, émeraudes
Principaux gisements de combustibles Pétrole, charbon

Copyright © Usborne Publishing Ltd.

Les paysages d'Amérique du Sud sont variés et spectaculaires. Au nord s'étendent des forêts tropicales luxuriantes et les régions centrales sont couvertes de plaines herbeuses, les pampas. À l'extrême sud, on trouve d'immenses glaciers qui se déplacent très lentement.

Un pays grandiose

La cordillère des Andes s'étire sur plus de 7 250 km, toute la longueur de la côte occidentale du continent. C'est la plus longue chaîne montagneuse du monde.

L'Amérique du Sud possède aussi le deuxième plus long fleuve du monde, l'Amazone. Il serpente à travers la moitié nord du continent, des Andes, au Pérou, jusqu'à la côte du Brésil. Il transporte environ un cinquième de l'eau douce de la planète.

Sur cette image-satellite de l'Amérique du Sud, la cordillère des Andes est bien visible à l'ouest. Elle recèle de nombreux volcans actifs.

Des terres gelées

L'extrémité sud de l'Amérique du Sud se trouve près de l'Antarctique. Le climat y est extrêmement froid. Les régions montagneuses abritent des glaciers et les nombreux lacs, des icebergs. Le point le plus austral est le cap Horn. Aux alentours, les océans sont déchaînés. Pour cette raison, doubler le cap Horn en bateau est très dangereux.

La coulée bleuâtre au centre de cette photo est une partie d'un énorme glacier. La glace qui fond progressivement alimente le lac Viedma, en bas à droite.

Ces grands oiseaux sont des ibis rouges. Ils survolent une luxuriante forêt du Venezuela.

Liens Internet

Ce site offre des informations sur les principaux déserts du monde.

Pour le lien vers ce site, connecte-toi à : **www.usborne-quicklinks.com/fr**

Un réservoir d'eau

Sur la frontière entre le Brésil et le Paraguay se trouve une vaste étendue d'eau d'environ 1 350 km^2 : le lac d'Itaipu, représenté ci-contre. Cet immense réservoir a été construit pour approvisionner en eau les habitations, les fermes et les usines de nombreuses régions du Brésil et du Paraguay, qui par le passé subissaient de terribles sécheresses.

Cette grande étendue bleue est une partie de l'immense lac d'Itaipu qui forme une portion de la frontière entre le Paraguay (à gauche) et le Brésil (à droite).

Le fleuve qui s'écoule du réservoir est le Paraná. Il coule vers le sud, dans la partie est de l'Amérique du Sud.

Partie montagneuse du désert d'Atacama. Au centre, on voit deux volcans couronnés de neige et sur la droite, les étendues de sel laissées par les lacs évaporés.

Le désert le plus aride

Le désert d'Atacama s'étend le long de la côte occidentale du Chili. C'est l'endroit le plus sec du monde. Certaines de ces régions ne reçoivent pas de pluie pendant des décennies et dans d'autres, aucune précipitation n'a jamais été enregistrée.

De vastes zones de ce désert sont couvertes de sel, un dépôt qui provient de lacs salés qui se sont évaporés. Les paysages rocailleux ressemblent à ceux de la Lune. D'ailleurs, des véhicules de la NASA y ont été testés avant d'être envoyés sur les terrains lunaires accidentés.

Une des plus belles merveilles de l'Amérique du Sud est la forêt amazonienne. C'est la plus grande forêt tropicale du monde. Elle couvre une région à peu près de la taille de l'Europe. Le continent recèle également des villes fascinantes, anciennes et modernes.

Les serpents-perroquets vivent dans les arbres de la forêt amazonienne. Lorsqu'ils sont menacés par un prédateur, ils ouvrent grande leur gueule.

Machu Picchu

L'ancienne cité en ruine de Machu Micchu est enchâssée dans les montagnes des Andes, au Pérou. Elle fut construite par les Incas, un peuple qui régna sur la partie occidentale du continent d'environ 1400 à 1530 apr. J.-C. La ville abrite les vestiges de nombreux monuments en pierre, temples, palais et entrepôts, qui furent érigés autour d'une grande place centrale.

Une forêt exubérante

La forêt amazonienne s'étend à travers la partie nord de l'Amérique du Sud. Elle accueille le tiers de toutes les espèces animales du monde. On y trouve plus de 100 espèces de serpents, des rares boas constricteurs aux serpents-perroquets plus communs.

Vue de Machu Picchu. Les bâtiments de la ville furent construits sur de larges degrés taillés dans la pente rocheuse.

Une partie du quartier animé de la finance à Santiago, au Chili.

Cités tentaculaires

L'Amérique du Sud compte de nombreuses métropoles comme São Paulo, au Brésil, ou Santiago, au Chili. L'essor de l'industrie et du commerce a donné naissance à d'immenses gratte-ciel mais également provoqué embouteillages et pollution. Les cités sont tellement surpeuplées que beaucoup de gens vivent dans des bidonvilles en banlieue.

L'île aux animaux

Les Galápagos, un chapelet de petites îles rocheuses, sont situées dans le Pacifique, à environ 1 000 km au large des côtes de l'Équateur.

Ces îles hébergent toutes sortes d'animaux fantastiques, comme les énormes tortues géantes, qui pèsent jusqu'à 250 kg et peuvent vivre plus de cent ans. De nombreux oiseaux tropicaux y vivent aussi, comme les manchots des Galápagos et les frégates.

Des chutes fantastiques

Les paysages montagneux d'Amérique du Sud sont à l'origine de la formation de nombreuses chutes d'eau. Les chutes Angel, au Venezuela, sont les plus hautes chutes du monde. Avec leur 979 m, elles sont plus de deux fois plus hautes que le plus haut gratte-ciel de New York.

Cette frégate mâle gonfle sa poche pectorale rouge vif pour séduire les femelles. Les frégates vivent sur les îles Galápagos.

Liens Internet

Un site pour découvrir la Guyane, « l'Amazonie française », sa faune et sa flore.

Pour le lien vers ce site, connecte-toi à : **www.usborne-quicklinks.com/fr**

COSTA RICA
San José
Liberia
Puntarenas
Limón
Puerto Armuelles
PANAMÁ
Panamá
Colón
Canal de Panamá
Golfe des Mosquitos
Golfe de Darién
Golfe de Panamá
Île de Coiba
Almirante
David
Santiago
Penonome
La Palma
Turbo
Santa Marta
Barranquilla
Cartagena
Sincelejo
Magangué
Ríohacha
Punta Gallinas
Pic Cristóbal Colón
5 775 m
Aruba (Pays-Bas)
Golfe du Venezuela
Antilles néerlandaises (Pays-Bas)
Willemstad
Petites Antilles
GRENADE
TRINITÉ-ET-TOBAGO
Port d'Espagne
Île La Tortuga
Île de Margarita
Paraguaipoa
Coro
Maracaibo
Lac Maracaibo
Lagunillas
Barquisimeto
Valera
Pic Bolívar
5 007 m
Barinas
Maracay
Valencia
Caracas
Cumaná
Güiria
Barcelona
Maturín
Tucupita
Delta de l'Orénoque
Acarigua
Zaraza
VENEZUELA
Ciudad Bolívar
Ciudad Guayana
Orénoque
Caicara
San Fernando de Apure
Cúcuta
San Cristóbal
Pamplona
Bucaramanga
Cáceres
Dabeiba
Medellín
Duitama
Tunja
Cravo Norte
Llanos
Puerto Páez
Massif des Guyanes
Chutes Angel
Mont Roraima
Santa Elena de Uairén
Boa Vista
Nuqui
Quibdó
Pereira
Manizales
Bogotá
Île de Malpelo (Colombie)
Buenaventura
Buga
Ibague
Cali
Neiva
5 750 m
Cordillère Occidentale
Cordillère Orientale
COLOMBIE
Guaviare
Puerto Inírida
Orénoque
San José del Guaviare
Popayán
Tumaco
Esmeraldas
Florencia
Pasto
Ipiales
Ibarra
Quito
Équateur
Santo Domingo de los Colorados
Nueva Loja
Puerto Leguízamo
La Chorrera
Negro
Japurá
Manta
Quevedo
ÉQUATEUR
Ambato
6 310 m
Babahoyo
Montalvo
La Libertad
Guayaquil
Golfe de Guayaquil
Cuenca
Tumbes
Machala
Loja
Talara
Zumba
Sullana
Piura
Chulucanas
Marañón
Iquitos
Amazone
Leticia
Atalaia do Norte
Selvas
Yurimaguas
Ucayali
Moyobamba
Chiclayo
Cordillère Centrale
PÉROU
Juruá
Purus
Madeira
Pacasmayo
Cajamarca
Cruzeiro do Sul
Trujillo
Pucallpa
Huacrachuco
Chimbote
Nevado Huascarán
6 746 m
Porto Velho
Huánuco
Rio Branco
CORDILLÈRE DES ANDES
Cerro de Pasco
Riberalta
OCÉAN PACIFIQUE
La Oroya
Cobija
Lima
Huancayo
Cordillère Orientale
Cordillère Occidentale
Puerto Maldonado
Mala
Quillabamba
Machu Picchu
Chincha Alta
Ayacucho
Cuzco
Magdalena
Ica
Sicuani
Rurrenabaque
Nazca
Trinidad
Nevado Coropuna
6 425 m
Juliaca
Lac Titicaca
Chala
Puno
La Paz
Concepción
Arequipa
BOLIVIE
Mollendo
Nevado Illimani
6 402 m
Cochabamba
San José de Chiquitos
Tacna
Oruro
Santa Cruz
Golfe d'Arica
Arica
Lac Poopo
Challapata
CHILI
Sucre
Potosí
Charagua
Camiri
Même échelle que la grande carte
Îles Galápagos (Équateur)
Équateur
Fernandina
Isabela
San Salvador
Santa Cruz
Puerto Ayora
San Cristóbal
OCÉAN PACIFIQUE
A B C D E F
1 2 3 4 5 6 7
85°O 80° 75° 70° 65°
5° N 0° 5° S 10° 15° 20°

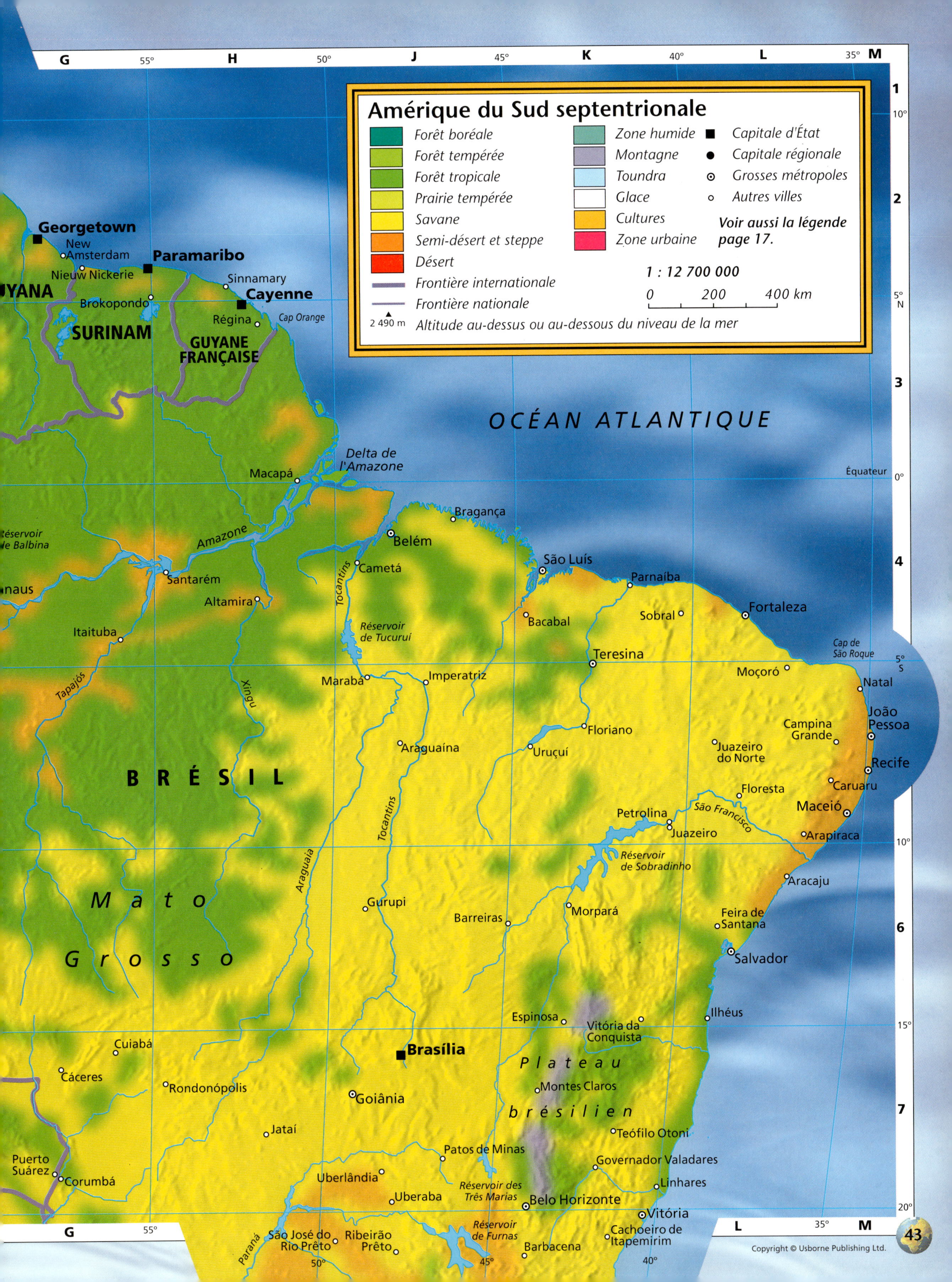

Copyright © Usborne Publishing Ltd.

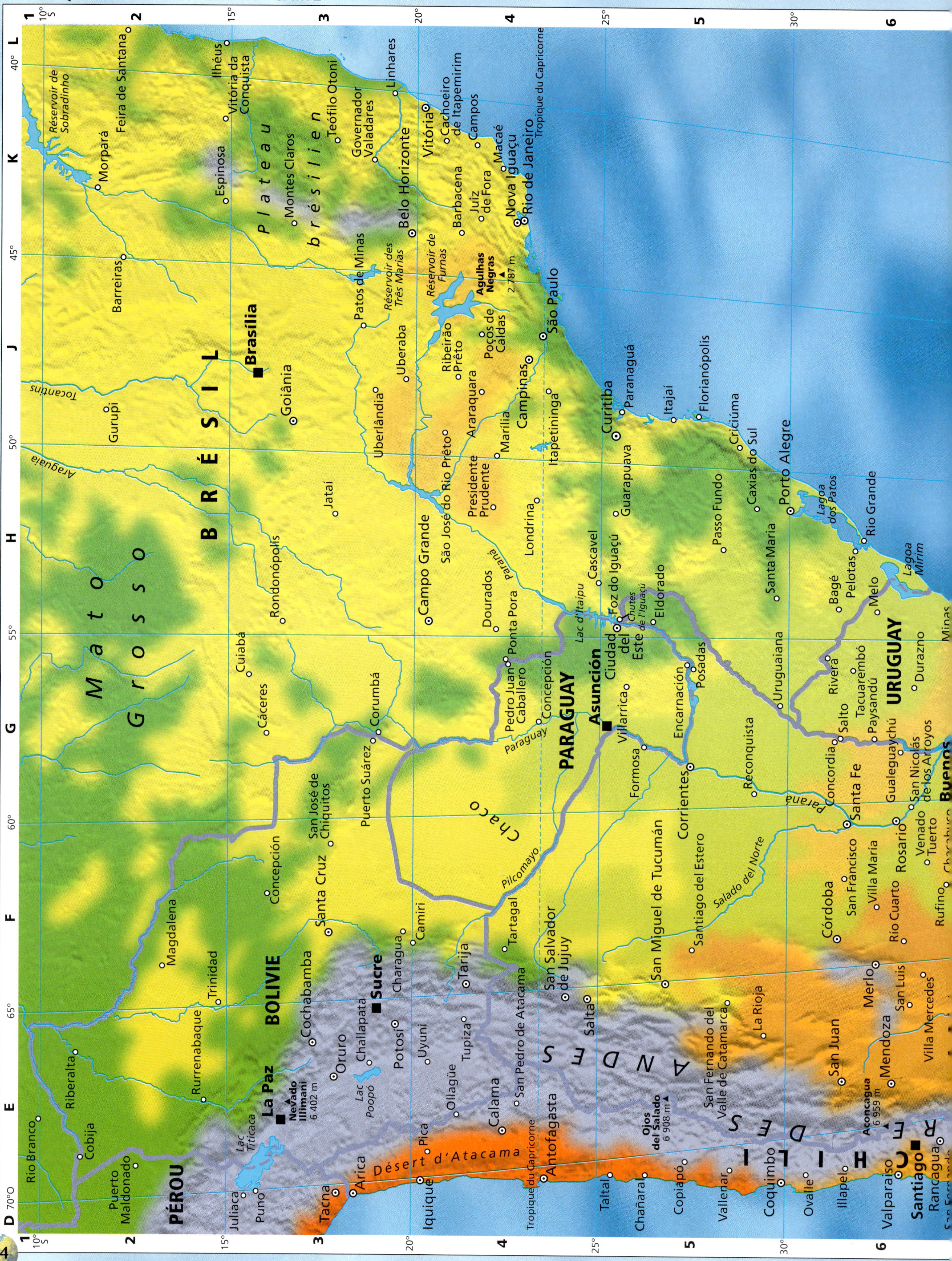
BRÉSIL
Mato Grosso
Plateau brésilien
BOLIVIE
PÉROU
PARAGUAY
URUGUAY
ANDES
Chaco
Désert d'Atacama
Brasília
La Paz
Sucre
Asunción
Santiago
Rio de Janeiro
São Paulo
Belo Horizonte
Goiânia
Campo Grande
Curitiba
Porto Alegre
Florianópolis
Vitória
Salvador
Cuiabá
Corumbá
Santa Cruz
Cochabamba
Oruro
Potosí
Tarija
Antofagasta
Arica
Iquique
Calama
Salta
San Miguel de Tucumán
Córdoba
Rosario
Santa Fe
Corrientes
Mendoza
San Juan
Valparaíso
Coquimbo
Tropique du Capricorne
Lac Titicaca
Lac Poopó
Lagoa dos Patos
Lagoa Mirim
Paraná
Paraguay
Pilcomayo
Salado del Norte
Araguaia
Tocantins
Aconcagua 6 959 m
Ojos del Salado 6 908 m
Nevado Illimani 6 402 m
Agulhas Negras 2 787 m

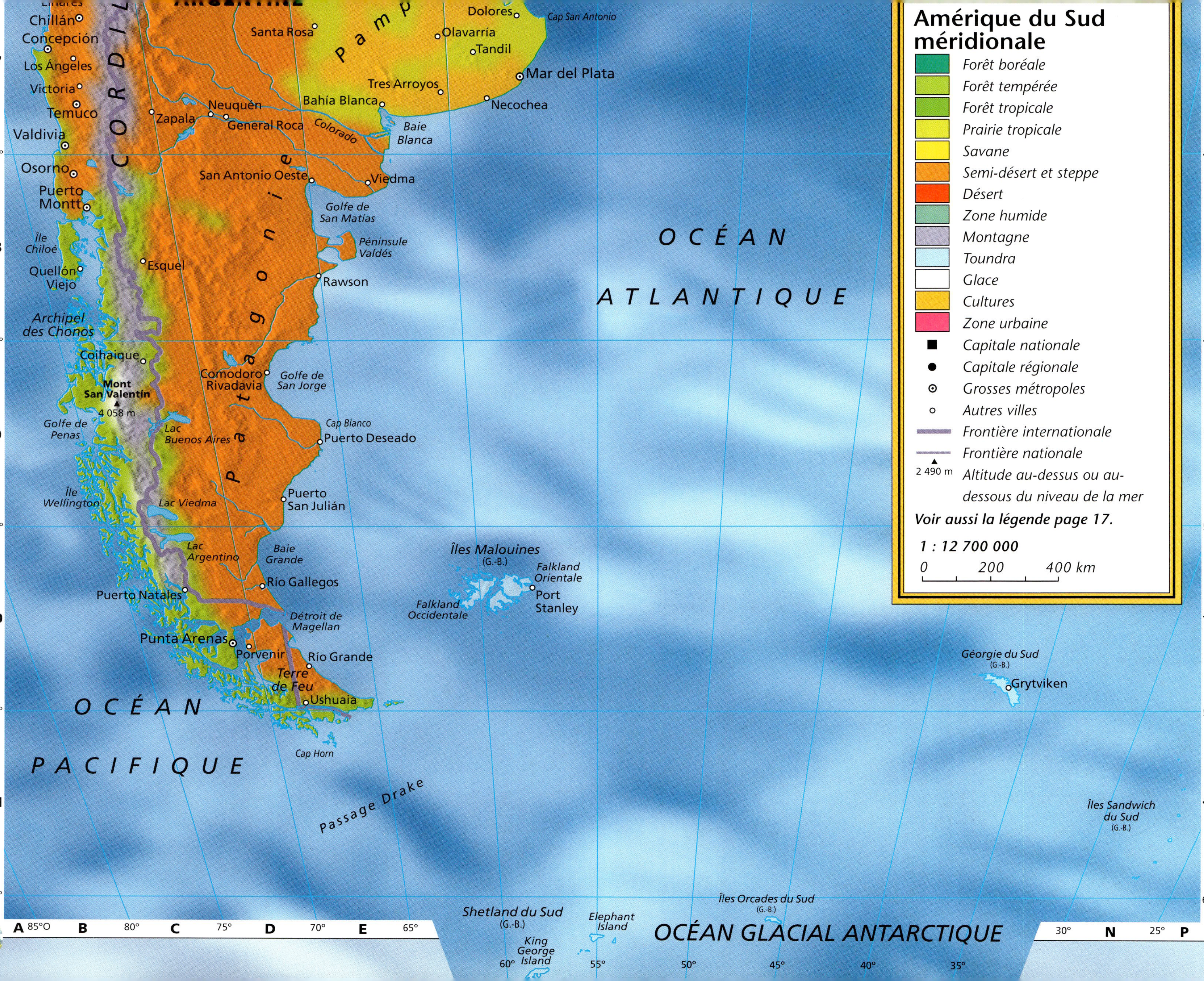

Copyright © Usborne Publishing Ltd.

L'OCÉANIE

L'Océanie comprend l'Australie, la Nouvelle-Zélande et la Papouasie-Nouvelle-Guinée, ainsi que plus de 20 000 îles disséminées à travers l'océan Pacifique.

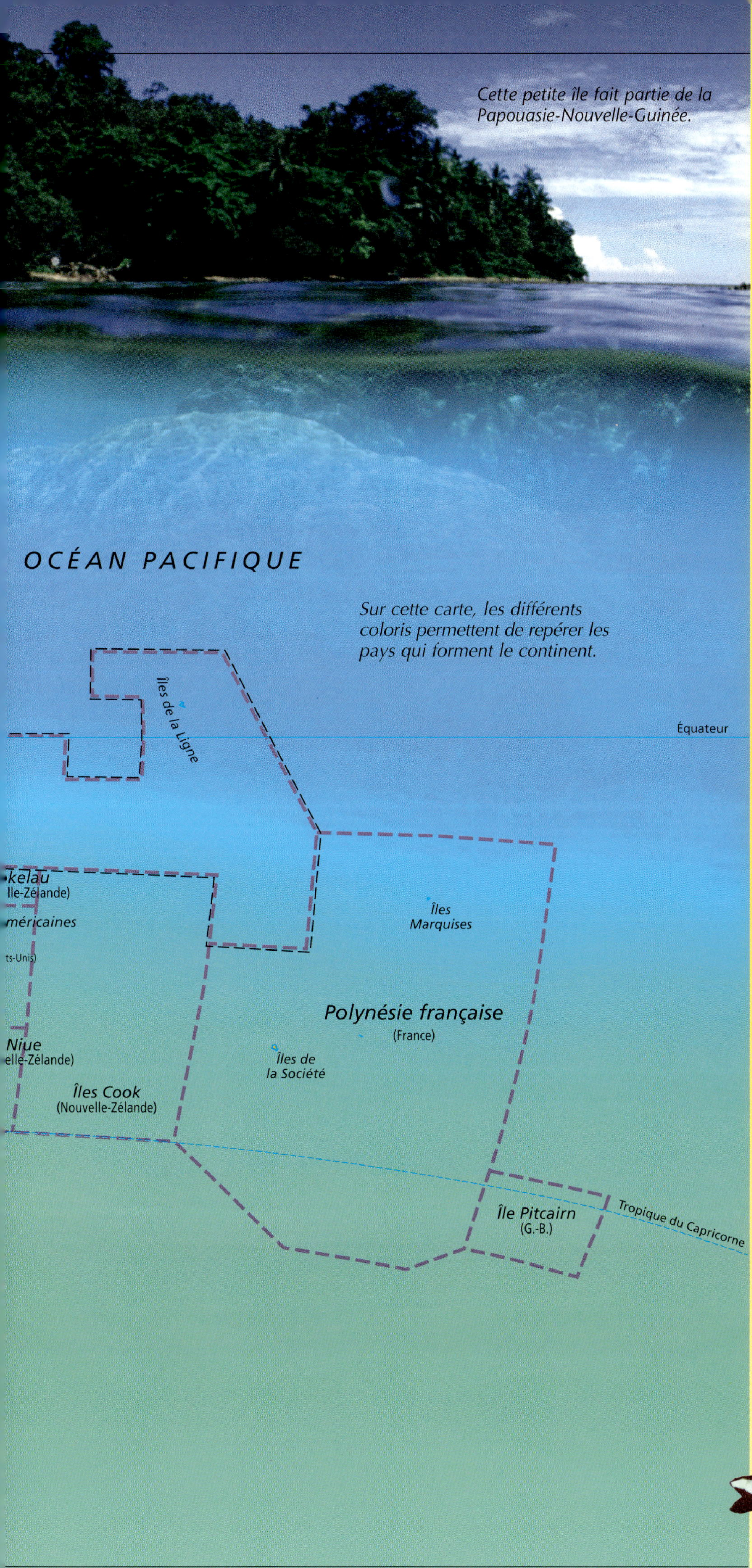

Cette petite île fait partie de la Papouasie-Nouvelle-Guinée.

Sur cette carte, les différents coloris permettent de repérer les pays qui forment le continent.

Données

Superficie 8 564 400 km²
Population 31 millions
Plus grande ville Sydney, Australie
Plus grand pays Australie *7 686 850 km²*
Plus petit pays Nauru *21 km²*

Plus haut sommet (point culminant) Mont Wilhelm, Papouasie-Nouvelle-Guinée *4 509 m*
Plus long fleuve Murray/Darling, Australie *3 718 km*
Plus grand lac Lac Eyre, Australie *9 000 km²*
Plus haute chute d'eau Sutherland Falls, sur la rivière Arthur, Nouvelle-Zélande *580 m*
Plus grand désert Grand désert Victoria, Australie *388 500 km²*
Plus grande île Nouvelle-Guinée *800 000 km²* (l'Australie est considérée comme un continent et non une île)

Principaux gisements de minerais Fer, nickel, pierres précieuses, plomb, bauxite
Principaux gisements de combustibles Pétrole, charbon, uranium

Ce magnifique poisson, appelé idole des Maures, ou porte-enseigne, hante les eaux peu profondes de tout le Pacifique. Il arbore des rayures très voyantes et un nez allongé.

Copyright © Usborne Publishing Ltd.

En Océanie, le climat est chaud. Mais, si la Nouvelle-Zélande et la Papouasie-Nouvelle-Guinée sont des pays luxuriants, l'Australie est principalement aride et les minuscules îles sont entourées d'énormes étendues océaniques.

Partie des Alpes néo-zélandaises, dans l'île du Sud, en Nouvelle-Zélande. Les deux taches turquoise sont les lacs Pukaki et Tekapo.

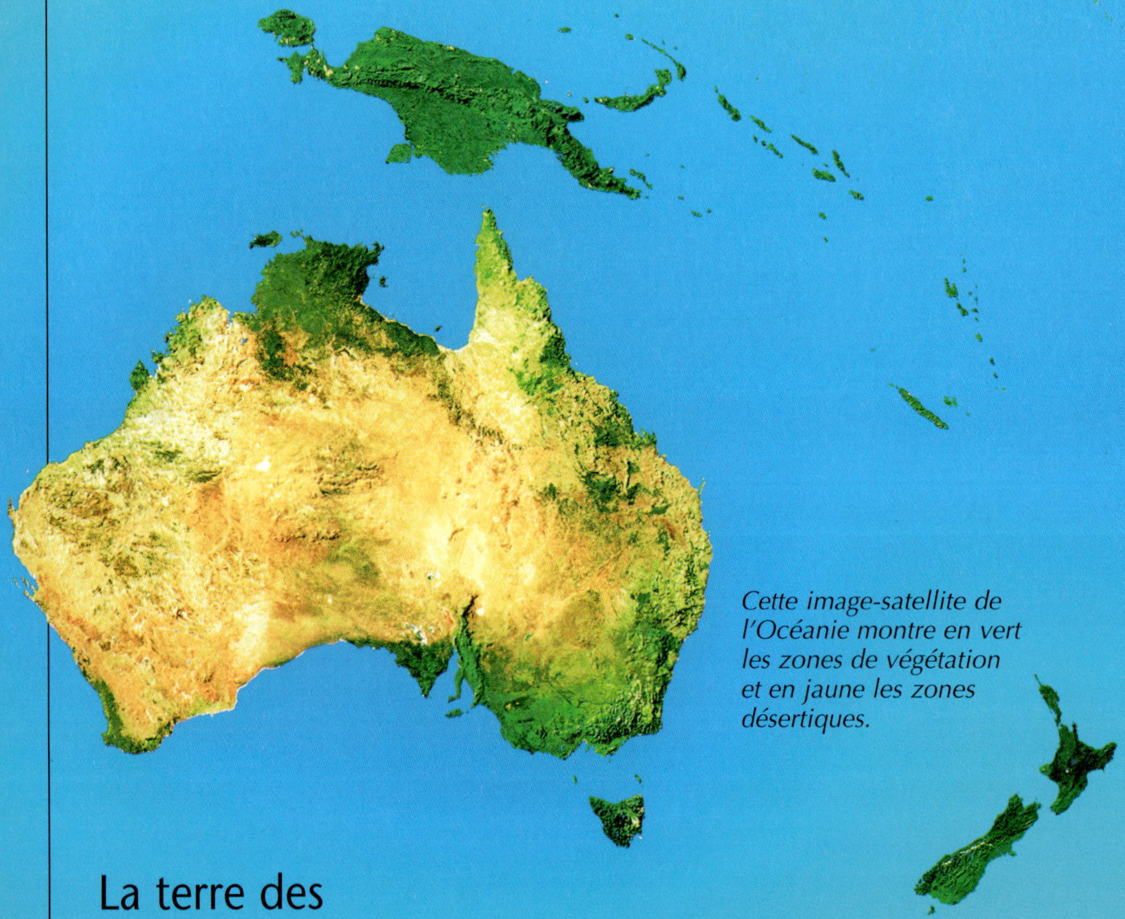

Cette image-satellite de l'Océanie montre en vert les zones de végétation et en jaune les zones désertiques.

La terre des feux de brousse

La plus grande partie de l'Australie est constituée de déserts chauds et secs, et le pays est tous les ans la proie d'incendies. Ceux-ci sont généralement déclenchés par la foudre qui frappe la végétation desséchée.

Certaines espèces d'arbres qui poussent dans ce pays se sont adaptées à ces conditions extrêmes. Ainsi, les eucalyptus résistent au feu, et certains banksias ont même besoin de cet élément pour que leurs gousses de graines s'ouvrent.

Des eaux laiteuses

La Nouvelle-Zélande comprend deux îles principales, l'île du Nord et l'île du Sud, et plusieurs plus petites. Sur l'île du Sud se trouve une chaîne montagneuse, les Alpes néo-zélandaises, qui abrite des lacs aux eaux d'un bleu turquoise laiteux. Cette apparence est due à de la poussière de roche. Transportées par les glaciers, les roches sont broyées et déposées dans les lacs. La poussière est si fine qu'elle reste en suspension dans l'eau.

Liens Internet

Une fiche sur la formation des îles Polynésiennes dans le Pacifique Sud.

Pour le lien vers ce site, connecte-toi à : **www.usborne-quicklinks.com/fr**

Îles Belau, en Micronésie, dans l'océan Pacifique. Cet archipel compte plus de 200 îlots rocheux calcaires couverts d'une forêt dense.

Des îles tropicales

De nombreuses petites îles du Pacifique Sud sont volcaniques. Des barrières de corail (colonies de minuscules animaux marins) se développent souvent dans les eaux peu profondes qui entourent ces îles. En encerclant les eaux côtières, elles forment un lagon.

Beaucoup de ces volcans sont inactifs et sombrent peu à peu dans l'océan. Il arrive qu'un volcan disparaisse entièrement et ne laisse qu'un lagon d'eau peu profonde entouré d'une barrière de corail, que l'on appelle alors atoll.

Bora Bora est une île volcanique du Pacifique Sud. La végétation apparaît en vert, les eaux profondes en noir et les eaux peu profondes en bleu pâle.

La barrière de corail est cette fine ligne blanche qui entoure l'île.

Lac Eyre en Australie. Il n'était pas complètement à sec quand cette photographie a été prise. Les zones sèches apparaissent en rose pâle et les zones humides en rose foncé.

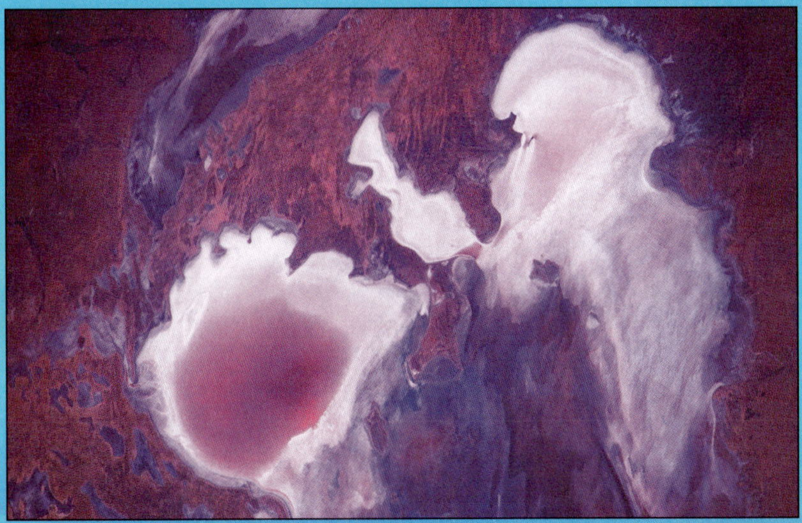

Un lac éphémère

Le plus grand lac salé d'Australie, le lac Eyre, se trouve dans le centre aride du pays. Il est à sec la plupart du temps et l'on peut alors apercevoir au fond une couche étincelante de sel blanc. Lorsque le lac se remplit, ce qui se produit tous les huit ans environ, il s'étend sur plus de 9 500 km². Le lac est divisé en deux sections principales, Eyre Nord et Eyre Sud, qui communiquent par un bras, le Goyder.

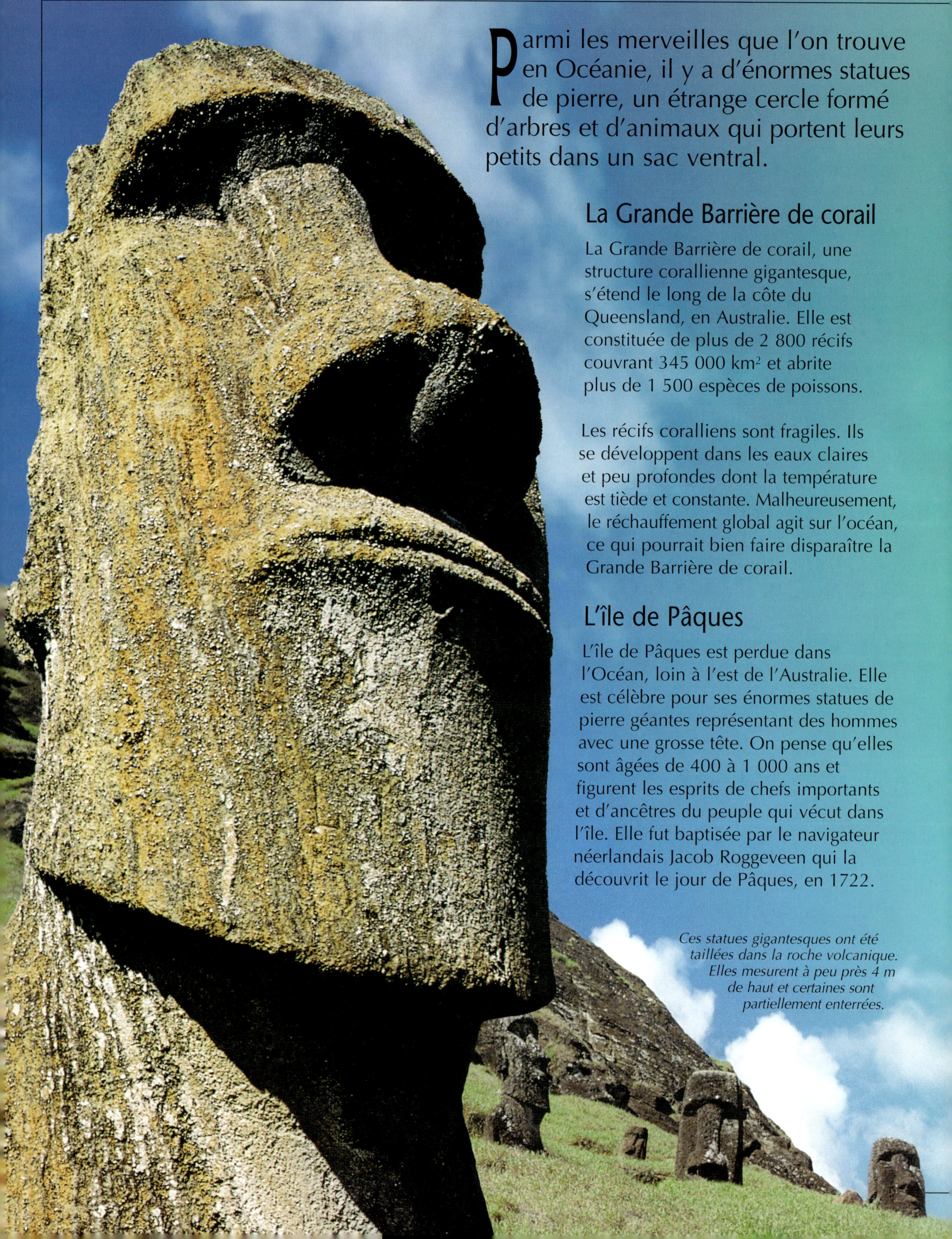

Parmi les merveilles que l'on trouve en Océanie, il y a d'énormes statues de pierre, un étrange cercle formé d'arbres et d'animaux qui portent leurs petits dans un sac ventral.

La Grande Barrière de corail

La Grande Barrière de corail, une structure corallienne gigantesque, s'étend le long de la côte du Queensland, en Australie. Elle est constituée de plus de 2 800 récifs couvrant 345 000 km^2 et abrite plus de 1 500 espèces de poissons.

Les récifs coralliens sont fragiles. Ils se développent dans les eaux claires et peu profondes dont la température est tiède et constante. Malheureusement, le réchauffement global agit sur l'océan, ce qui pourrait bien faire disparaître la Grande Barrière de corail.

L'île de Pâques

L'île de Pâques est perdue dans l'Océan, loin à l'est de l'Australie. Elle est célèbre pour ses énormes statues de pierre géantes représentant des hommes avec une grosse tête. On pense qu'elles sont âgées de 400 à 1 000 ans et figurent les esprits de chefs importants et d'ancêtres du peuple qui vécut dans l'île. Elle fut baptisée par le navigateur néerlandais Jacob Roggeveen qui la découvrit le jour de Pâques, en 1722.

Ces statues gigantesques ont été taillées dans la roche volcanique. Elles mesurent à peu près 4 m de haut et certaines sont partiellement enterrées.

Le kangourou arboricole ne se rencontre que dans le Queensland, en Australie, et en Papouasie-Nouvelle-Guinée. Il peut faire de grands bonds pour sauter d'arbre en arbre.

Liens Internet

Un reportage en photos sur l'île de Pâques et ses statues.

Pour le lien vers ce site, connecte-toi à : **www.usborne-quicklinks.com/fr**

Les Olgas

Dans le parc national d'Uluru, dans le Territoire du Nord, en Australie, on trouve un ensemble de 36 énormes formations rocheuses en grès, les Olgas. Ces roches stratifiées ont été formées par du sable qui s'est cimenté puis a été plié par les mouvements de la croûte terrestre. Progressivement érodées par le vent et la pluie, elles se sont transformées en collines arrondies. Le sable qui constitue ce grès est principalement composé d'un minéral rose, le feldspath.

Ces collines arrondies sont les Olgas. Les Aborigènes, le premier peuple qui s'est installé en Australie, appellent ce site « Kata Tjunta », ce qui signifie « Endroit des nombreuses têtes ».

Sept arbres en un

Sur l'île de Rarotonga, qui fait partie des îles Cook, on peut voir un groupe de sept cocotiers qui ont poussé en cercle parfait. Selon la légende, ces arbres seraient issus d'une seule graine ; on les a donc surnommés les « Sept arbres en un ». En fait, ils viennent probablement de sept graines séparées.

Les marsupiaux

Cette région du monde abrite de nombreux animaux étranges, dont un groupe de mammifères, les marsupiaux. À leur naissance, les petits marsupiaux se hissent vers une poche de peau sur le ventre de leur mère et passent les premiers mois de leur vie à l'intérieur. Les kangourous, les koalas, les wombats et les opossums (ou phalangers) sont tous des marsupiaux.

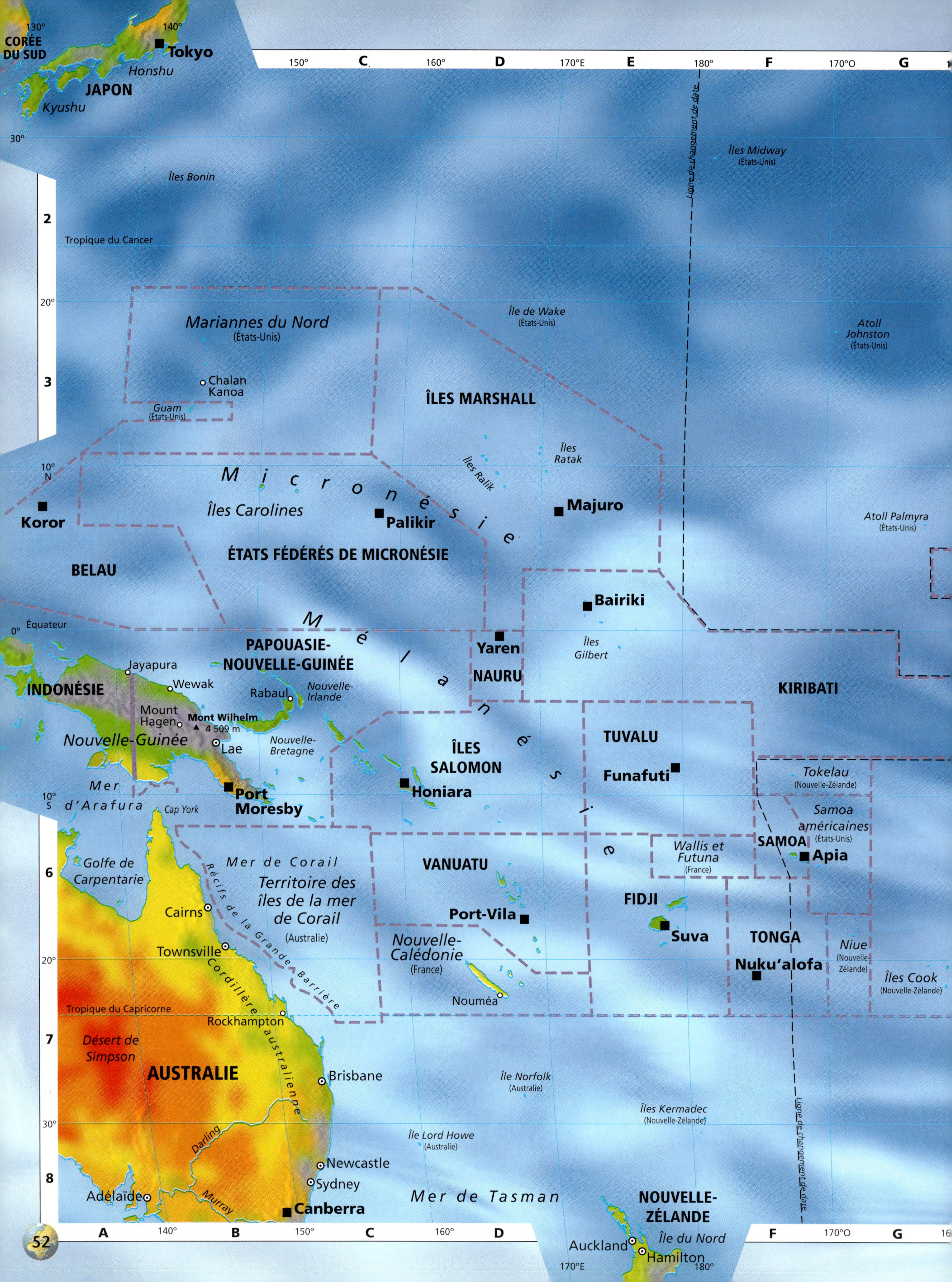

CORÉE DU SUD
JAPON
Tokyo
Honshu
Kyushu
Îles Bonin
Tropique du Cancer
Îles Midway
(États-Unis)
Ligne de changement de date
Marianes du Nord
(États-Unis)
Chalan Kanoa
Guam
(États-Unis)
Île de Wake
(États-Unis)
Atoll Johnston
(États-Unis)
ÎLES MARSHALL
Îles Ralik
Îles Ratak
Majuro
Micronésie
Îles Carolines
Palikir
Koror
ÉTATS FÉDÉRÉS DE MICRONÉSIE
BELAU
Atoll Palmyra
(États-Unis)
Bairiki
Équateur
Mélanésie
PAPOUASIE-NOUVELLE-GUINÉE
Yaren
NAURU
Îles Gilbert
KIRIBATI
Jayapura
Wewak
INDONÉSIE
Rabaul
Nouvelle-Irlande
Mount Hagen
Mont Wilhelm
4 509 m
Nouvelle-Guinée
Lae
Nouvelle-Bretagne
ÎLES SALOMON
TUVALU
Funafuti
Tokelau
(Nouvelle-Zélande)
Mer d'Arafura
Port Moresby
Honiara
Cap York
Samoa américaines
(États-Unis)
Wallis et Futuna
(France)
SAMOA
Apia
Golfe de Carpentarie
Mer de Corail
Récifs de la Grande Barrière
Territoire des îles de la mer de Corail
(Australie)
VANUATU
Port-Vila
FIDJI
Suva
TONGA
Nuku'alofa
Niue
(Nouvelle-Zélande)
Îles Cook
(Nouvelle-Zélande)
Cairns
Townsville
Nouvelle-Calédonie
(France)
Nouméa
Cordillère australienne
Tropique du Capricorne
Rockhampton
Désert de Simpson
AUSTRALIE
Brisbane
Île Norfolk
(Australie)
Îles Kermadec
(Nouvelle-Zélande)
Île Lord Howe
(Australie)
Darling
Newcastle
Sydney
Murray
Adélaïde
Canberra
Mer de Tasman
NOUVELLE-ZÉLANDE
Île du Nord
Auckland
Hamilton
130°
140°
150°
160°
170°E
180°
170°O
30°
20°
10° N
0°
10° S
A
B
C
D
E
F
G
1
2
3
6
7
8

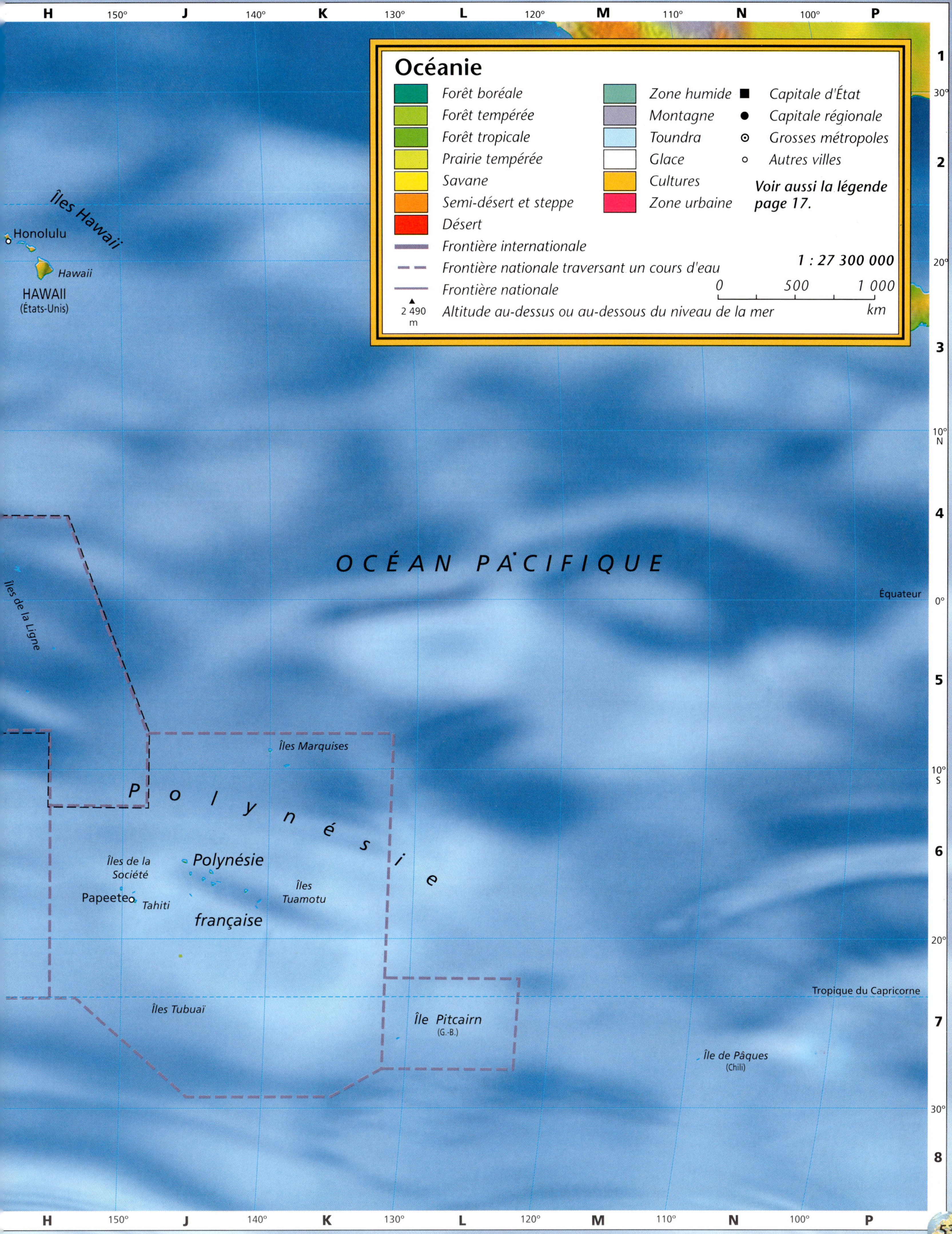

Copyright © Usborne Publishing Ltd.

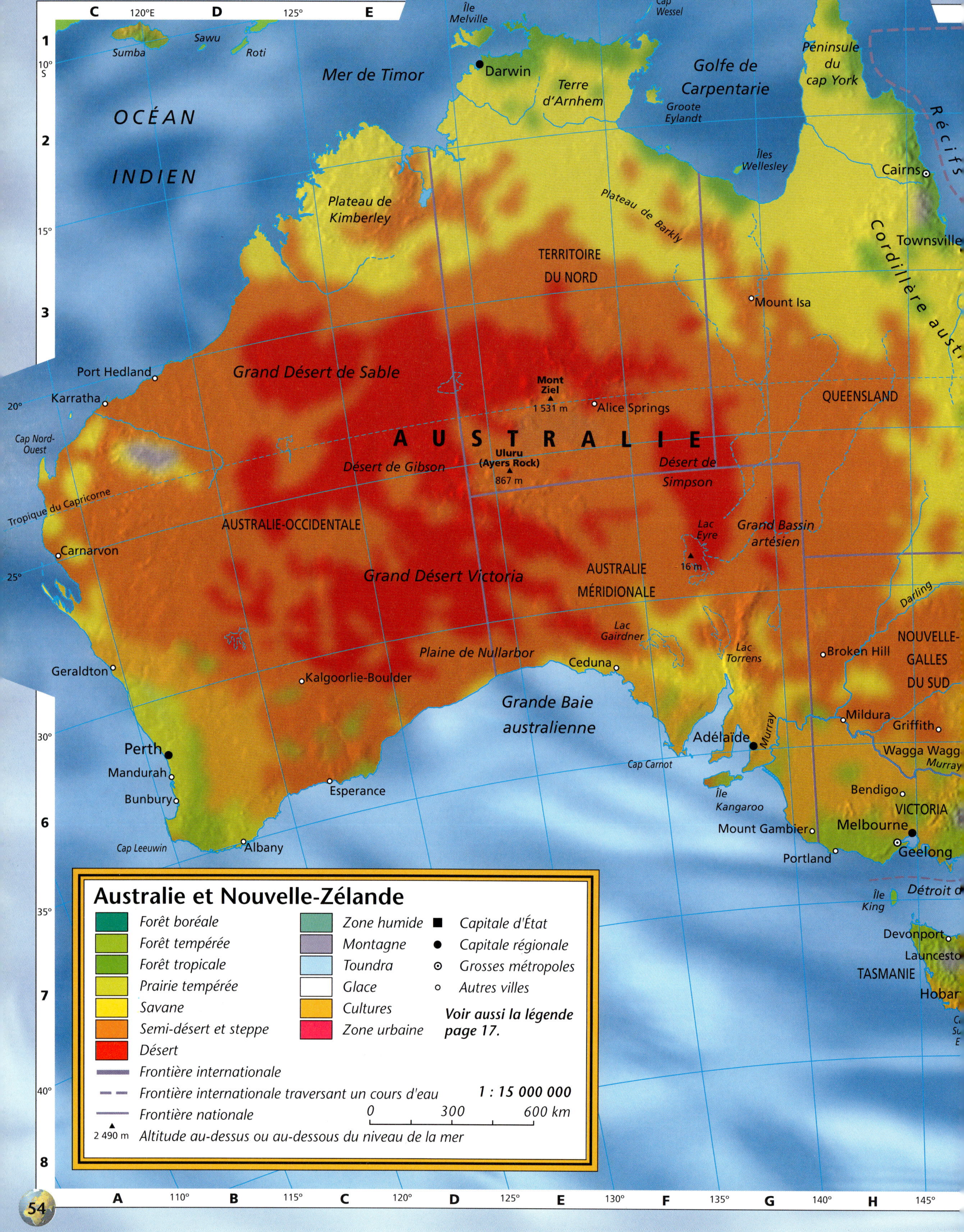
C
120°E
D
125°
E
130°
135°
140°
145°
Mer d'Arafura
Détroit de Torres
Cap York
Cap Wessel
Île Melville
Sumba
Sawu
Roti
Mer de Timor
Darwin
Terre d'Arnhem
Golfe de Carpentarie
Groote Eylandt
Péninsule du cap York
OCÉAN
INDIEN
Récifs
Îles Wellesley
Cairns
Plateau de Kimberley
Plateau de Barkly
Townsville
Cordillère austr
TERRITOIRE DU NORD
Mount Isa
Port Hedland
Grand Désert de Sable
Karratha
Mont Ziel
1 531 m
Alice Springs
QUEENSLAND
Cap Nord-Ouest
A U S T R A L I E
Uluru (Ayers Rock)
867 m
Désert de Gibson
Désert de Simpson
Tropique du Capricorne
AUSTRALIE-OCCIDENTALE
Lac Eyre
Grand Bassin artésien
Carnarvon
16 m
AUSTRALIE MÉRIDIONALE
Grand Désert Victoria
Darling
Lac Gairdner
NOUVELLE-GALLES DU SUD
Lac Torrens
Broken Hill
Plaine de Nullarbor
Ceduna
Geraldton
Kalgoorlie-Boulder
Grande Baie australienne
Mildura
Griffith
Murray
Perth
Adélaïde
Wagga Wagg
Murray
Mandurah
Cap Carnot
Esperance
Bunbury
Île Kangaroo
Bendigo
VICTORIA
Mount Gambier
Melbourne
Cap Leeuwin
Albany
Geelong
Portland
Détroit d
Île King
Devonport
Launcesto
TASMANIE
Hobar
1
2
3
6
7
8
10° S
15°
20°
25°
30°
35°
40°
Australie et Nouvelle-Zélande
Forêt boréale
Forêt tempérée
Forêt tropicale
Prairie tempérée
Savane
Semi-désert et steppe
Désert
Zone humide
Montagne
Toundra
Glace
Cultures
Zone urbaine
Capitale d'État
Capitale régionale
Grosses métropoles
Autres villes
Voir aussi la légende page 17.
Frontière internationale
Frontière internationale traversant un cours d'eau
Frontière nationale
1 : 15 000 000
0
300
600 km
2 490 m
Altitude au-dessus ou au-dessous du niveau de la mer
A
110°
B
115°
C
120°
D
125°
E
130°
F
135°
G
140°
H
145°

Copyright © Usborne Publishing Ltd.

L'ASIE

L'Asie est le plus vaste des continents. Il est formé de plus de 40 pays, dont la Russie, le plus grand pays du monde. Il n'est pas seulement constitué d'immenses territoires continentaux, mais aussi de milliers d'îles et de bras de mer, le tout sur environ 160 000 km de côtes. La Turquie et la Russie, à cheval sur l'Europe et l'Asie, sont figurées en entier sur cette carte.

Sur cette carte, les différents coloris permettent de repérer les pays qui forment le continent.

Voici une jonque, un bateau chinois naviguant au large de Singapour.

Copyright © Usborne Publishing Ltd.

Données

Superficie 44 537 920 km²
Population 3,8 milliards (y compris l'ensemble de la Russie)
Plus grande ville Tokyo, Japon
Plus grand pays Russie *Superficie totale : 17 075 200 km² Surface de la Russie asiatique : 12 780 800 km²*
Plus petit pays Maldives *300 km²*

Plus haut sommet (point culminant) mont Everest, Népal/frontière chinoise *8 850 m*
Plus long fleuve Chang Jiang (Yang-tseu-kiang), Chine *6 380 km*
Plus grand lac Mer Caspienne, Asie occidentale *370 999 km²*
Plus haute chute d'eau Chutes Jog, sur la rivière Sharavati, Inde *253 m*
Plus grand désert Désert d'Arabie, Arabie Saoudite et autour *2 230 000 km²*
Plus grande île Bornéo *751 100 km²*

Principaux gisements de minerais Zinc, mica, étain, chrome, fer, nickel
Principaux gisements de combustibles Pétrole, charbon, uranium, gaz naturel

En Chine, les fleurs du lotus, une espèce de nénuphar, sont associées à la pureté et pour les bouddhistes, elles sont sacrées.

L'Asie comprend toutes sortes de territoires rudes et accidentés, de vastes plaines glacées au nord et des déserts arides plus au sud. On y trouve aussi d'énormes chaînes montagneuses, comme l'Himalaya, dont les sommets sont les plus hauts du monde. La majorité de la population vit dans les régions méridionales, chaudes, humides et plantées de forêts luxuriantes.

Les chaînes montagneuses, dont l'Himalaya, figurent en clair sur cette image-satellite du continent asiatique.

Une terre désertique

La partie sud de l'Arabie Saoudite est occupée par un désert de sable grand comme la France. Son nom est Ar Rub'al Khali mais on le surnomme « Quartier vide », car il n'héberge pratiquement ni plantes ni animaux, et aucune présence humaine permanente. Les vents violents y élèvent des dunes de sable qui dépassent 330 m, ce qui est plus haut que la tour Eiffel à Paris.

Cette vue du désert Ar Rub' al Khali, en Arabie Saoudite, montre les crêtes de dunes sculptées par le vent.

La Grande Muraille de Chine, dont on voit ici une portion, serpente à travers le nord du pays. De l'espace, elle apparaît sous la forme d'une longue ligne fine.

Cette image-satellite montre des volcans du Kamtchatka, en Russie. La neige y figure en rouge et les traînées pâles sur les flancs des cratères sont les coulées de boue constituées de cendre et de neige fondue.

La Russie sauvage

Le Kamtchatka, qui se trouve dans l'Extrême-Orient russe, est l'une des régions les plus isolées du monde. Sa seule ville principale n'est accessible que par air ou par mer. Le territoire, très montagneux, compte plus de 300 volcans. Certains sont actifs et crachent régulièrement des fleuves de boue brûlants et des panaches de vapeur.

> **Liens Internet**
>
> Une page sur l'histoire de la Grande Muraille de Chine, illustrée de photos.
>
> Pour le lien vers ce site, connecte-toi à : **www.usborne-quicklinks.com/fr**

Un fleuve sacré

Le Gange prend sa source dans les montagnes de l'Himalaya et coule à travers l'Inde et le Bangladesh jusque dans l'océan Indien. Les Hindous, adeptes de l'hindouisme, le considèrent comme sacré. Chaque jour, ils sont des milliers à venir s'y baigner pour se laver de leurs péchés. Ils le vénèrent en y jetant des fleurs ou en abandonnant des lampes à huile au fil de l'eau.

Delta du Gange, en Inde. Le fleuve se jette dans le golfe du Bengale (en bas).

La plus grande partie du territoire de l'Asie centrale et du Sud-Est est densément peuplée et abrite de nombreuses métropoles, dont Tokyo, la ville la plus peuplée du monde. On y trouve aussi de belles régions naturelles, comme les forêts et les montagnes de Chine.

Panda dans un arbre, en Chine. Les pandas sont de bons grimpeurs et se reposent souvent, perchés dans les arbres.

Les pandas de Chine

Les pandas vivent dans les forêts montagneuses de Chine. Leur survie dépend exclusivement des bambous, dont ils mangent les pousses. Mais les forêts sont détruites, ce qui entraîne la perte de leur habitat et de leur source de nourriture. On pense qu'il ne reste plus que 1 000 pandas sauvages environ.

Un marché flottant

Près de Bangkok, en Thaïlande, un célèbre marché flottant se tient sur le canal. Les fermiers s'y rendent chaque jour, leurs étroites embarcations chargées de fruits et de légumes frais. Les clients se frayent un passage en barque dans la cohue à la recherche de bonnes affaires. Le marché commence de bonne heure, vers 8 h, et à 11 h, tout a été vendu.

Ces femmes ont apporté des fruits et des légumes pour les vendre au marché flottant de Bangkok.

Cette rue du centre de Tokyo est bordée d'énormes galeries commerciales illuminées d'enseignes agressives.

La capitale japonaise

Tokyo, la capitale du Japon, est l'une des cités les plus effervescentes d'Asie. Cette mégalopole en expansion a été reconstruite deux fois, en 1920, à la suite d'un tremblement de terre, et après les bombardements de la Seconde Guerre mondiale. La ville moderne est un mélange de quelques vieilles ruelles et de nombreux gratte-ciel neufs.

Liens Internet

Surfe sur ce site consacré à la Chine : histoire, géographie, culture et photos.

Pour le lien vers ce site, connecte-toi à : **www.usborne-quicklinks.com/fr**

La Cité interdite

Au cœur de Beijing, en Chine, se trouve une ancienne cité entourée de murs. Pendant des siècles, elle fut le palais des empereurs chinois. On l'appelle la Cité interdite, car personne, hormis l'empereur, sa famille et les invités, n'était autorisé à y pénétrer. Il n'y a plus de famille royale en Chine et la Cité interdite est devenue une attraction touristique. Elle compte 800 bâtiments, dont d'immenses temples et des arcs élaborés, décorés de sculptures et d'imposantes statues en bronze.

Cette tortue en bronze trône dans la Cité interdite, à Beijing. Selon les anciennes croyances chinoises, les tortues étaient des animaux divins et leurs statues étaient censées porter chance.

Les pays du Proche-Orient sont riches en sites culturels et historiques importants, tels que des lieux de culte et des vestiges d'anciennes civilisations. La partie asiatique de la Russie s'étend à travers le continent et couvre la Sibérie, une vaste région au climat si rude qu'elle est presque inhabitée.

C'est dans ce musée, à Jérusalem, en Israël, que l'on peut admirer les anciens manuscrits appelés Rouleaux de la mer Morte.

La mer Morte

La mer Morte, en Israël, est si salée que rien ne peut y vivre, d'où son nom. Mais les gens vont s'y baigner, car ses eaux sont riches en minéraux bons pour la santé.

Les Rouleaux de la mer Morte sont aussi célèbres. Ces manuscrits, écrits dans une ancienne langue hébraïque et vieux de 2 000 ans, ont été découverts dans des grottes proches de la mer. Ils traitent principalement de sujets religieux, mais ont aidé les historiens à comprendre la vie dans ces temps reculés.

Des habitations en pierre

Dans la région de Cappadoce, au sud d'Ankara, en Turquie, on trouve un étrange paysage hérissé de cônes volcaniques en pierre tendre. Il y a des siècles, des gens ont creusé cette roche et créé des villes entières, avec des maisons, des écuries et même des églises. Ils construisirent aussi un étonnant réseau de tunnels reliant les habitations.

Ces pics rocheux, en Cappadoce, en Turquie, ont été excavés pour faire des habitations. Ils sont aujourd'hui en ruine.

Des lieux saints

De nombreuses religions sont pratiquées en Asie. La plupart des villes du continent abritent donc des lieux de cultes ou d'études, comme les mosquées islamiques ou les temples hindous. Ces monuments sont souvent richement décorés, avec par exemple d'énormes dômes couverts de milliers de tuiles multicolores.

Ce dôme superbement décoré fait partie d'une école coranique d'Ispahan, en Iran.

Le Transsibérien Express, en Sibérie. Ce train, qui va de Moscou à Vladivostok, s'arrête dans d'autres villes en chemin.

Les trains russes

La Russie, un pays immense, est traversée par la ligne ferroviaire du Transsibérien. C'est la plus longue ligne de chemin de fer du monde. Elle s'étire sur une distance de plus de 9 000 km depuis la ville de Moscou à l'ouest, jusqu'à Vladivostok, à l'est. Le train roule dans les plaines de Sibérie, qui sont entièrement gelées en hiver. Sur cette ligne, le voyage le plus rapide dure environ sept jours.

Les rennes

De nombreux troupeaux de rennes vivent en Sibérie. Leur épaisse toison leur tient chaud en hiver. Grâce à leur odorat bien développé, ils sont capables de trouver les plantes dont ils se nourrissent même sous la neige.

Liens Internet

Une balade en Cappadoce avec quelques superbes photos.

Pour le lien vers ce site, connecte-toi à : **www.usborne-quicklinks.com/fr**

Rennes attelés à des traîneaux en Sibérie. Ces animaux peuvent facilement tirer de lourdes charges dans la neige.

Asie du Sud-Est méridionale
Forêt boréale
Forêt tempérée
Forêt tropicale
Prairie tempérée
Savane
Semi-désert et steppe
Désert
Frontière internationale
Frontière nationale
2 490 m Altitude au-dessus ou au-dessous du niveau de la mer
Zone humide
Montagne
Toundra
Glace
Cultures
Zone urbaine
Capitale d'État
Capitale régionale
Grosses métropoles
Autres villes
Voir aussi la légende page 17.
1 : 10 900 000
0 200 400 km
A
B
C
D
100°E
105°
110°
115°
1
2
4
5
6
10°
5° N
0°
5° S
10°
Qui Nhon
VIÊT NAM
Nha Trang
Mer de Chine méridionale
Îles Spratly
THAÏLANDE
Hat Yai
Yala
Mer des Andaman
Kota Bharu
Alor Setar
Banda Aceh
Lhokseumawe
Georgetown (Penang)
Kuala Terengganu
Gunung Tahan 2 187 m
Taiping
Ipoh
MALAISIE
Kota Kinabalu
Bandar Seri Begawan
BRUNEI
Miri
Langsa
Medan
Kuantan
Îles Natuna Besar
Bintulu
Tarak
Pematangsiantar
Kuala Lumpur
Seremban
Îles Anambas
Lac Toba
Simeulue
Melaka
Sibu
Sibolga
Détroit de Malacca
Johor Bahru
Singapour
SINGAPOUR
Kuching
Tanjungrede
2 988 m
Nias
Pekanbaru
Îles Riau
Équateur
Pontianak
Bornéo
Samarinda
Sumatra
Détroit de Karimata
Padang
Mont Kerinci 3 805 m
Jambi
Bangka
Pangkalpinang
Balikpapan
Îles Mentawai
Palangkaraya
Palembang
Belitung
Banjarmasin
Bengkulu
Lahat
Baturaja
Martapura
Grandes îles de la Sond
INDONÉSIE
Bandar Lampung
Mer de Java
Krakatau 813 m
Jakarta
Serang
Bogor
Tegal
Semarang
Bandung
Java
Surakarta
Surabaya
Petit
Cilacap
Yogyakarta
Jember
Lombok
Malang
Bali
Matara
OCÉAN INDIEN
Denpasar
Sumba
Île Christmas (Australie)

Copyright © Usborne Publishing Ltd.

Himalaya
Mont Everest 8 850 m
NÉPAL
BHOUTAN
Thimphou
INDE
Lhassa
Brahmapoutre
Darjeeling
Biratnagar
Darbhanga
Bhagalpur
Rangpur
Gange
Gauhati
Shillong
Dibrugarh
Jorhat
Rajshahi
Sylhet
BANGLADESH
Dhaka
Imphal
Asansol
Jamshedpur
Calcutta (Kolkata)
Khulna
Aizawl
Chittagong
Delta du Gange
Golfe du Bengale
Sittwe
Monywa
Mont Victoria 3 053 m
Mandalay
Lashio
Myitkyina
Irrawaddy
MYANMAR (BIRMANIE)
Meiktila
Taunggyi
Pyinmana
Prome
Sandoway
Henzada
Bassein
Pegu
Rangoun
Thaton
Moulmein
Delta de l'Irrawaddy
OCÉAN INDIEN
Tavoy
Îles Andaman (Inde)
Port Blair
Petite Andaman
Mer des Andaman
Mergui
Archipel Mergui
Ten Degree Channel
Îles Nicobar (Inde)
Banda Aceh
Lhokseumawe
Sumatra
Langsa
INDONÉSIE
Salouen
Mékong
Chang jiang (Yang-tseu-kiang)
Gongga shan 7 556 m
Chengdu
Leshan
Neijiang
Chongqing
Luzhou
Yibin
Wan Xian
Xichang
Zhaotong
Zunyi
Guiyang
Anshun
Panzhihua
Dali
Baoshan
Kunming
Fleuve rouge
Kaiyuan
Gejiu
Simao
Liuzhou
Nanning
Qinzhou
CH
Ha Giang
Lao Cai
Phôngsali
Thai Nguyên
Son La
Hanoi
Haiphong
Luang Prabang
LAOS
Thanh Hoa
Golfe du Tonkin
Vinh
Chiang Maï
Vientiane
Udon Thani
Phitsanulok
Khon Kaen
Savannakhet
Huê
Da Nang
Nakhon Sawan
THAÏLANDE
Ubon Ratchathani
Nakhon Ratchasima
Paksé
Attapu
Bangkok
VIÊT NAM
Angkor
Stoeng Trêng
Lac Tonlé Sap
Qui Nhon
Pattaya
Battambang
CAMBODGE
Buôn Mê Thuôt
Kâmpóng Chhnang
Kompong Cham
Da Lat
Prachuap Khiri Khan
Koh Kong
Phnom Penh
Biên Hoa
Chumphon
Kompong Som
Long Xuyên
Hô Chi Minh-Ville
Cân Tho
Golfe de Thaïlande
Bac Liêu
Con Son
Nakhon Si Thammarat
Hat Yai
Yala
Alor Setar
Kota Baharu
Georgetown (Penang)
Kuala Terengganu
Taiping
Ipoh
Gunung Tahan 2 187 m
MALAISIE
Îles Natuna Besar (Indonésie)

Copyright © Usborne Publishing Ltd.

KAZAKHSTAN
Almaty
Lac Yssyk Köl
KIRGHIZISTAN
Pic Pobedy 7 439 m
Aksu
Yining
Karamay
Djoungarie
Kuytun
Shihezi
Urumqi
Altaï
Altay
Bulgan
Oulan-Bator
MONGOLIE
Tian shan
Turpan
- 154 m
Korla
Lac Bosten
Bassin de Turpan
Hami
Bassin du Tarim
Désert du Taklamakan
Hotan
Lob Nor
Désert de Gobi
Erenhot
Grotte de Mogao
Yumen
Grande Muraille de Chine
5 547 m
Altun shan
Baotou
Hohhot
Wuhai
Yinchuan
Monts Kunlun
Qaidam pendi
Golmud
Lac Qinghai
Xining
Huang he
Lanzhou
Taiyuan
CHINE
Plateau du Tibet
Lac Siling
TIBET
Yushu
Armée de terre cuite à Lintong
Baoji
Xi'an
Himalaya
Brahmapoutre
Lac Nam
Lhassa
Salouen
Mékong
Changjiang (Yang-tseu-kiang)
Shiyan
Xiangfan
NÉPAL
Katmandou
Mont Everest 8 850 m
Thimphou
BHOUTAN
Gongga shan 7 556 m
Chengdu
Yichang
Leshan
Chongqing
Changde
Darbhanga
Darjeeling
Biratnagar
Patna
Gange
Bhagalpur
Rangpur
Brahmapoutre
Dibrugarh
Gauhati
Shillong
Irrawaddy
Xichang
Chang Jiang (Yang-tseu-kiang)
Luzhou
Zunyi
Huaihua
Hengyang
INDE
Ranchi
Asansol
Tropique du Cancer
Rajshahi
Sylhet
BANGLADESH
Dhaka
Imphal
Myitkyina
Panzhihua
Dali
Guiyang
Aizawl
Calcutta (Kolkata)
Khulna
Kunming
Guilin
Chittagong
Cuttack
Delta du Gange
Lashio
Monywa
Mandalay
Mont Victoria 3 053 m
Fleuve rouge
Gejiu
Simao
Liuzhou
Wuzhou
Nanning
Golfe du Bengale
MYANMAR (BIRMANIE)
Taunggyi
Sittwe
Lao Cai
Phôngsali
Son La
Thai Nguyên
Hanoi
Haiphong
Yulin
Zhanjiang
OCÉAN INDIEN
Pyinmana
Sandoway
Prome
Salouen
Mékong
Luang Prabang
LAOS
Golfe du Tonkin
Haikou
Chiang Mai
Thanh Hoa
VIÊT NAM
Hainan
Henzada
Irrawaddy
THAÏLANDE
Vinh
Bassein
Pegu
Rangoun
Vientiane
Udon Thani
Yaxian
Delta de l'Irrawaddy
Moulmein

Copyright © Usborne Publishing Ltd.

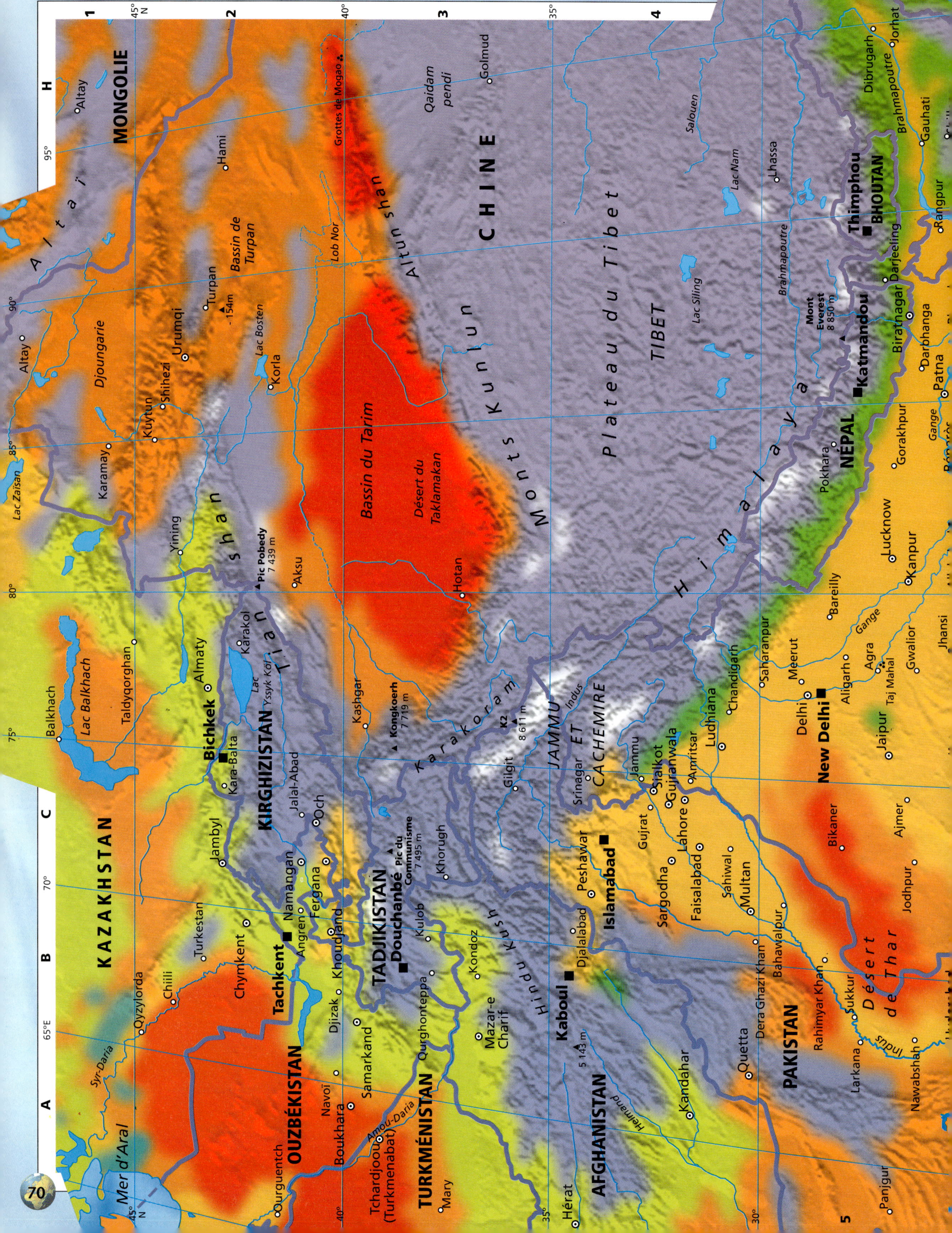
KAZAKHSTAN
MONGOLIE
CHINE
OUZBÉKISTAN
TURKMÉNISTAN
KIRGHIZISTAN
TADJIKISTAN
AFGHANISTAN
PAKISTAN
NÉPAL
BHOUTAN
TIBET
JAMMU ET CACHEMIRE
Mer d'Aral
Lac Balkhach
Lac Zaïsan
Lac Yssyk Kol
Lac Bosten
Lob Nor
Lac Siling
Lac Nam
Altaï
Djoungarie
Bassin de Turpan
Tian shan
Bassin du Tarim
Désert du Taklamakan
Monts Kunlun
Altun shan
Qaidam pendi
Plateau du Tibet
Himalaya
Karakoram
Hindu Kush
Désert de Thar
Grottes de Mogao
Pic Pobedy 7 439 m
Kongkoerh 7 719 m
K2 8 611 m
Pic du Communisme 7 495 m
Mont Everest 8 850 m
5 143 m
-154 m
Syr-Daria
Amou-Daria
Indus
Gange
Brahmapoutre
Salouen
Helmand
Balkhach
Taldyqorghan
Almaty
Bichkek
Kara-Balta
Karakol
Jambyl
Turkestan
Chymkent
Tachkent
Qyzylorda
Chiili
Ourguentch
Navoï
Boukhara
Samarkand
Djizak
Khoudjand
Angren
Namangan
Fergana
Jalal-Abad
Och
Douchanbé
Kulob
Khorugh
Qurghonteppa
Kondoz
Mazar-e Charif
Tchardjoou (Turkmenabat)
Mary
Hérat
Kaboul
Djalalabad
Kandahar
Peshawar
Islamabad
Gilgit
Srinagar
Jammu
Sialkot
Gujrat
Gujranwala
Lahore
Amritsar
Sargodha
Faisalabad
Sahiwal
Multan
Bahawalpur
Dera Ghazi Khan
Rahimyar Khan
Quetta
Sukkur
Larkana
Nawabshah
Panjgur
Ludhiana
Chandigarh
Saharanpur
Meerut
Delhi
New Delhi
Aligarh
Agra
Taj Mahal
Jaipur
Bikaner
Ajmer
Jodhpur
Gwalior
Jhansi
Kanpur
Lucknow
Bareilly
Gorakhpur
Patna
Darbhanga
Biratnagar
Darjeeling
Pokhara
Katmandou
Thimphou
Rangpur
Gauhati
Jorhat
Dibrugarh
Lhassa
Golmud
Hotan
Aksu
Kashgar
Yining
Karamay
Kuytun
Shihezi
Urumqi
Altay
Turpan
Korla
Hami

Copyright © Usborne Publishing Ltd.

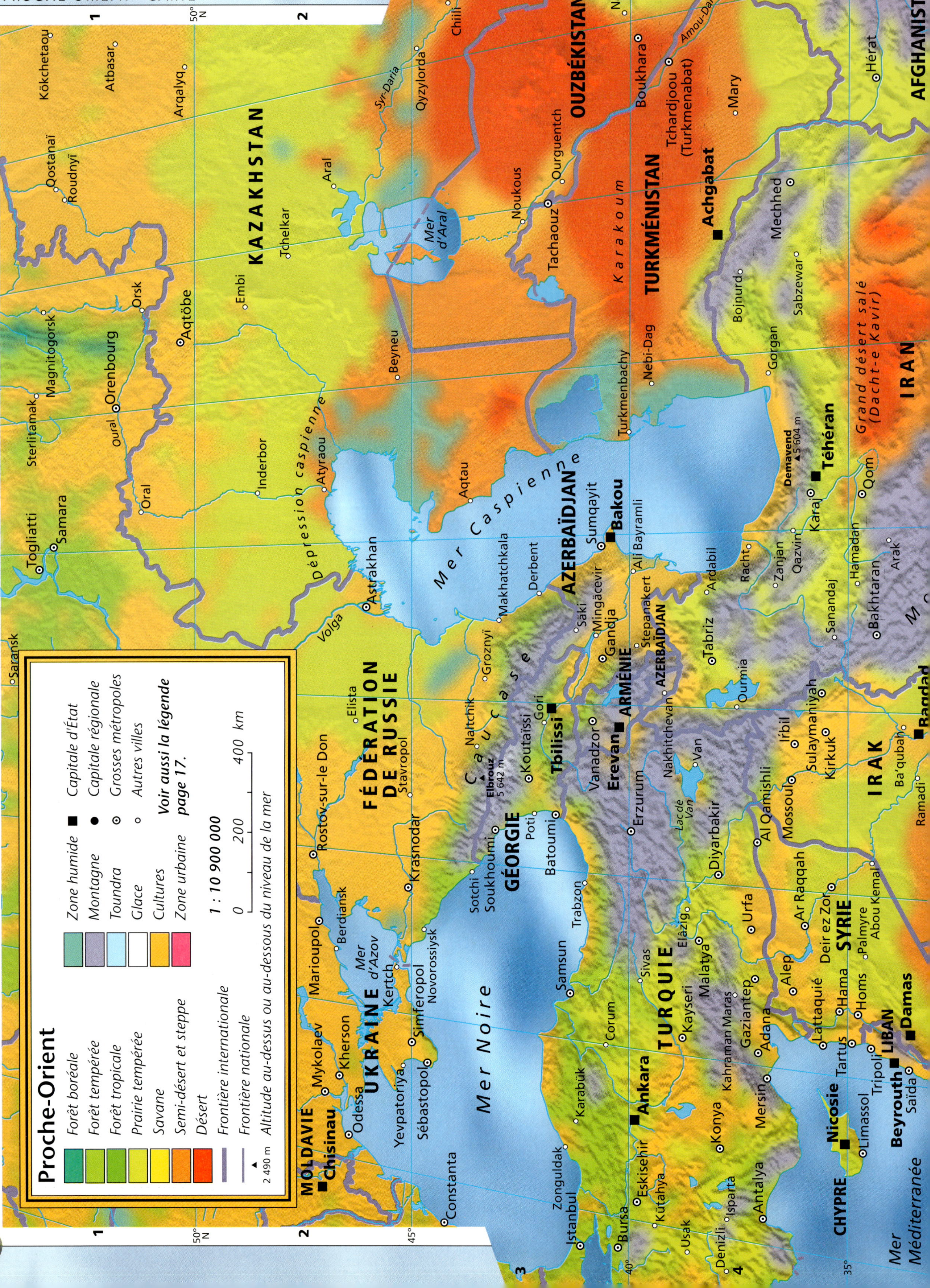
Proche-Orient
Forêt boréale
Forêt tempérée
Forêt tropicale
Prairie tempérée
Savane
Semi-désert et steppe
Désert
Zone humide
Montagne
Toundra
Glace
Cultures
Zone urbaine
Capitale d'État
Capitale régionale
Grosses métropoles
Autres villes
Frontière internationale
Frontière nationale
2 490 m Altitude au-dessus ou au-dessous du niveau de la mer
Voir aussi la légende page 17.
1 : 10 900 000
0 200 400 km
KAZAKHSTAN
FÉDÉRATION DE RUSSIE
UKRAINE
MOLDAVIE
GÉORGIE
ARMÉNIE
AZERBAÏDJAN
TURQUIE
SYRIE
LIBAN
CHYPRE
IRAK
IRAN
TURKMÉNISTAN
OUZBÉKISTAN
AFGHANISTAN
Mer Noire
Mer Caspienne
Mer d'Aral
Mer d'Azov
Mer Méditerranée
Caucase
Dépression caspienne
Karakoum
Grand désert salé (Dacht-e Kavir)
Lac de Van
Volga
Oural
Syr-Daria
Amou-Daria
Elbrouz 5 642 m
Demavend 5 604 m
Chisinau
Ankara
Nicosie
Beyrouth
Damas
Tbilissi
Erevan
Bakou
Achgabat
Téhéran
Bagdad

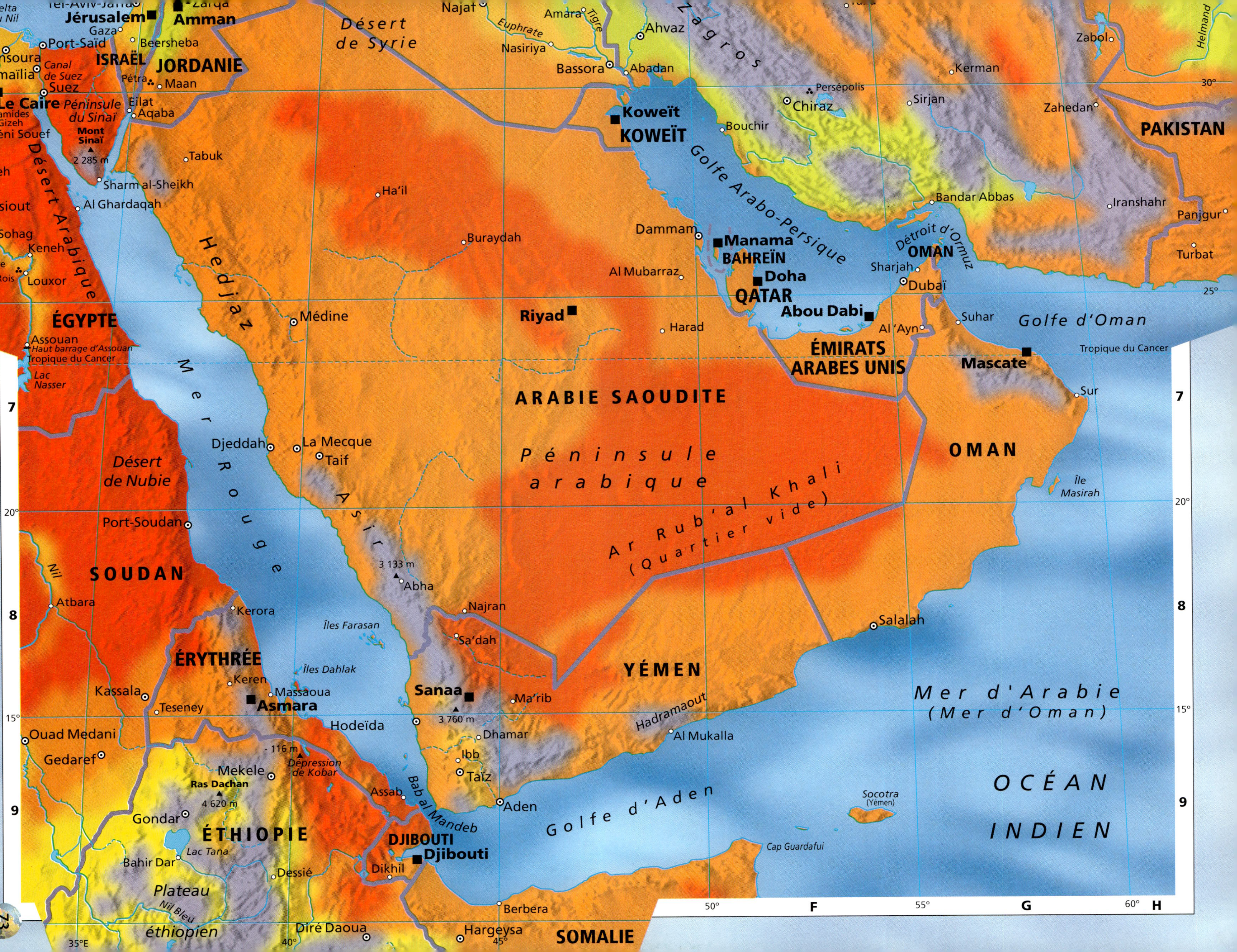

Copyright © Usborne Publishing Ltd.

Mer de Norvège
Mer du Nord
Svalbard (Norvège)
Terre François-Joseph
Cap Nord
Mer de Barents
Novaïa Zemlia
Mer de Kara
ROYAUME-UNI
Londres
Paris
PAYS-BAS
BELGIQUE
LUXEMBOURG
FRANCE
DANEMARK
NORVÈGE
Oslo
SUÈDE
Stockholm
FINLANDE
Helsinki
Mourmansk
Presqu'île de Kola
ALLEMAGNE
Berlin
Mer Baltique
RÉPUBLIQUE TCHÈQUE
AUTRICHE
POLOGNE
Varsovie
ESTONIE
LETTONIE
LITUANIE
Vilnius
Lac Ladoga
Lac Onega
Saint-Pétersbourg
Arkhangelsk
SLOVAQUIE
Budapest
HONGRIE
Minsk
BIÉLORUSSIE
Lviv
Tcherepovets
Vorkouta
Norilsk
Ukhta
Moscou
ROUMANIE
Kiev
MOLDAVIE
Chisinau
UKRAINE
Riazan
Nijni-Novgorod
Monts Oural
Ob
Novyy Urengoï
Plaine de Sibérie occidentale
Kharkiv
Odessa
Dnipropetrovsk
Voronej
Volga
Kazan
Perm
Sourgout
Ienisseï
Simferopol
Samara
Iekaterinbourg
Mer Noire
Rostov-sur-le-Don
Volgograd
Krasnodar
Tcheliabinsk
Irtych
FÉDÉRAT
Ankara
TURQUIE
Oral
Orenbourg
Elbrouz 5 642 m
Astrakhan
Aqtöbe
Omsk
Tomsk
Krasnoïars
Adana
GÉORGIE
Atyraou
Novossibirsk
Tbilissi
ARMÉNIE
Erevan
Alep
Aqtau
KAZAKHSTAN
Astana
Pavlodar
Barnaoul
Abaka
SYRIE
AZERBAÏDJAN
Bakou
Mer Caspienne
Karaganda
Kyzyl
Mossoul
Tabriz
Mer d'Aral
Öskemen
Noukous
Qyzylorda
Balkhach
Lac Balkhach
Tachaouz
Altay
Bagdad
TURKMÉNISTAN
OUZBÉKISTAN
IRAK
Demavend 5 604 m
Téhéran
Achgabat
Chymkent
Tachkent
Bichkek
Almaty
KIRGHIZISTAN
Tian shan
Urumqi
Ahvaz
Ispahan
Tchardjou (Turkmenabat)
Samarkand
Och
Mechhed
Douchanbé
Aksu
Koweït
KOWEÏT
IRAN
TADJIKISTAN
ARABIE SAOUDITE
Golfe Arabo-Persique
Hérat
Mazar-e Charif
Bassin du Tarim
Désert du Taklamakan
Chiraz
AFGHANISTAN
Riyad
Kaboul
K2 8 611 m
Hotan
Manama
Bandar Abbas
Zahedan
Kandahar
Islamabad
Srinagar
QATAR
Doha
Abou Dabi
PAKISTAN
Indus
Lahore
INDE
Plateau du Tibet
60°
80°
20°
40°
40° N
60°E
A
B
C
D
E
1
2
3
4

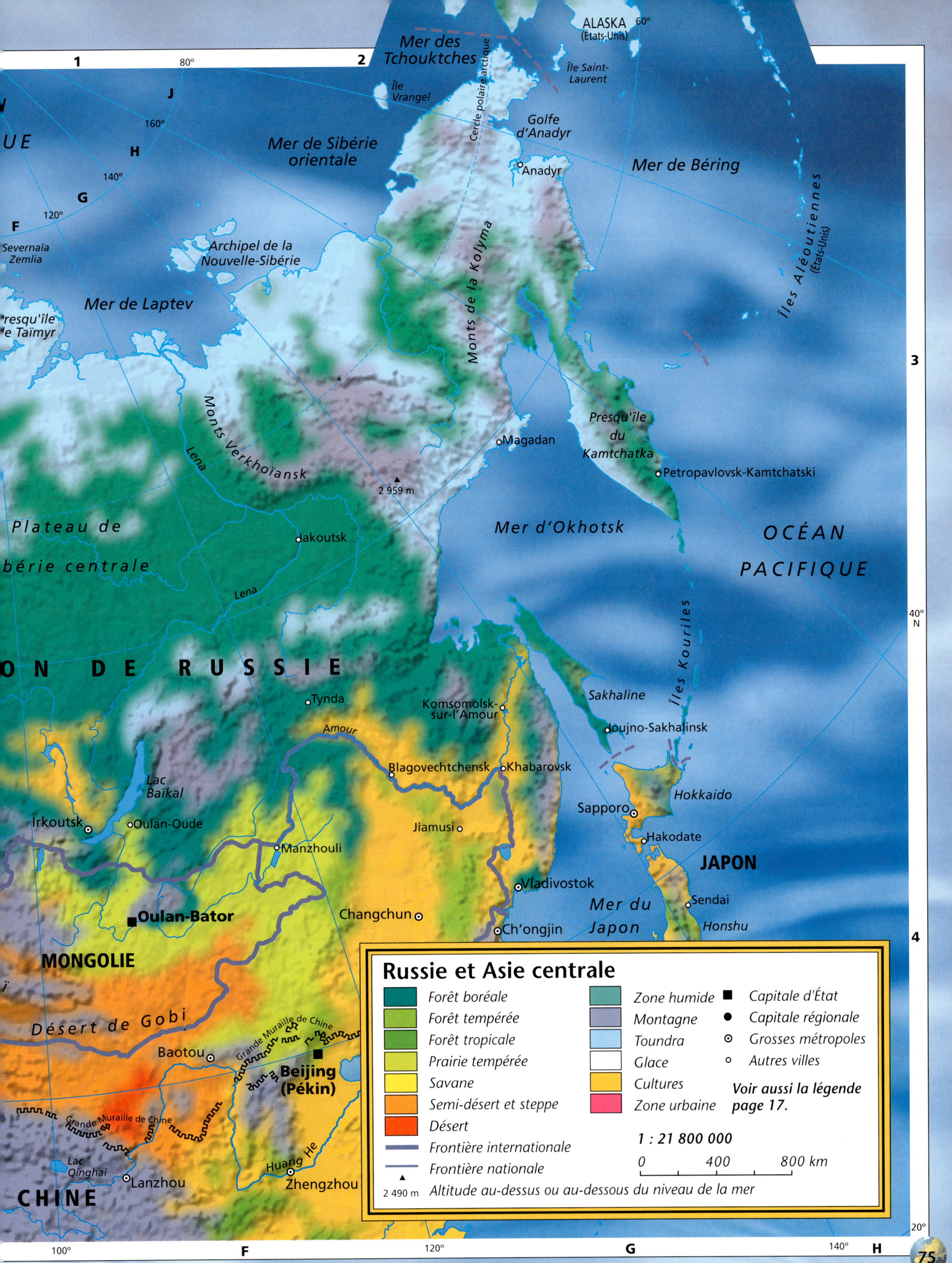

Copyright © Usborne Publishing Ltd.

L'EUROPE

L'Europe est un petit continent divisé en plus de 40 pays et dont la population dépasse 700 millions d'habitants. La Russie est un immense pays qui s'étend sur deux continents. Sa partie occidentale est en Europe tandis que sa partie orientale se trouve en Asie. La partie européenne de la Russie est plus vaste qu'aucun autre pays européen.

Sur cette carte, les différents coloris permettent de repérer les pays qui forment le continent.

Données

Superficie 10 205 720 km² (avec la Russie occidentale)
Population 727 millions (avec toute la Russie)
Plus grande ville Moscou, Russie
Plus grand pays Russie *Superficie totale : 17 075 200 km² Surface de la Russie européenne : 4 294 400 km²*
Plus petit pays Le Vatican *0,44 km²*

Plus haut sommet (point culminant) Elbrouz, Russie *5 642 m*
Plus long fleuve Volga, Russie *3 700 km*
Plus grand lac Lac Ladoga, Russie *17 700 km²*
Plus haute chute d'eau Utigard, sur le glacier Jostedal, Norvège *800 m*
Plus grand désert Il n'y a pas de désert en Europe
Plus grande île Grande-Bretagne *234 410 km²*

Principaux gisements de minerais Bauxite, zinc, fer, potasse, fluorine
Principaux gisements de combustibles Pétrole, charbon, uranium, gaz naturel, tourbe

Vache dans une prairie du Devon, dans le sud de l'Angleterre

Copyright © Usborne Publishing Ltd.

L'Europe possède de nombreuses îles et beaucoup de pays ont des bordures maritimes. Les Alpes, dans la partie ouest, sont l'une des principales chaînes montagneuses. Des fleuves de première importance, comme le Rhin et le Rhône, y prennent leur source.

L'Europe, la nuit

Des images-satellites prises de nuit montrent la répartition de l'éclairage dans différentes régions. Les zones très peuplées, comme on en trouve en Europe, avec de nombreuses grandes villes, sont très lumineuses dans l'obscurité. Lorsque beaucoup de gens vivent sur une zone restreinte, les lumières de tous les bâtiments s'additionnent et forment des taches lumineuses.

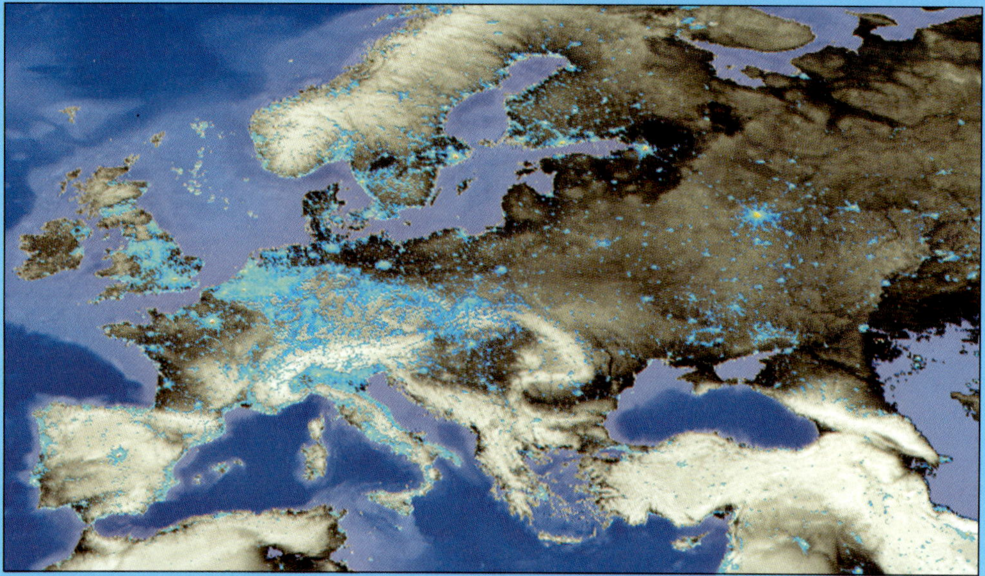

Cette image-satellite de l'Europe a été prise de nuit. L'eau et les terres apparaissent en fausses couleurs pour que les contours soient visibles. Chaque tache bleue représente une zone à forte densité de population.

Liens Internet

Si les volcans t'intéressent, découvre ici l'histoire du Vésuve et de nombreux autres volcans du monde entier.

Pour le lien vers ce site, connecte-toi à : **www.usborne-quicklinks.com/fr**

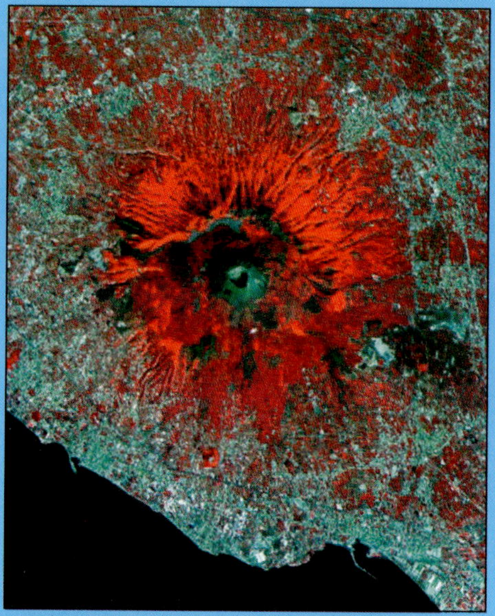

Image-satellite du Vésuve, un volcan situé dans le sud de l'Italie. La tache sombre au centre est le cratère.

Le Vésuve

Le Vésuve est un volcan qui se trouve près de Naples, dans le sud de l'Italie. C'est en 79 apr. J.-C qu'eut lieu sa plus fameuse éruption, au cours de laquelle les villes de Pompéi et d'Herculanum furent ensevelies sous 30 m de cendre. Elles demeurèrent enterrées jusqu'au XVIIIe siècle, époque de leur découverte.

Aujourd'hui, le Vésuve est sous haute surveillance, car il est très près de Naples et plus de deux millions de gens vivent à proximité. Depuis 79 apr. J.-C., il a connu plus de 50 éruptions mineures.

Région des Alpes suisses. Plus de 70 % de la superficie de la Suisse est montagneuse.

Le Rhin

Le trafic fluvial sur le Rhin est le plus important du monde. Long de 1 320 km, le fleuve serpente à travers l'ouest de l'Europe. Il prend sa source dans les Alpes suisses, longe la frontière entre la Suisse et l'Autriche, puis traverse l'Allemagne et la France jusqu'aux Pays-Bas. De nombreuses villes jalonnent son cours, dont Strasbourg, en France, et Cologne, en Allemagne.

Section du Rhin dans la partie ouest de l'Allemagne. Le fleuve apparaît en noir, la végétation en bleu et les constructions en marron. À l'est du fleuve, les terres cultivées ressemblent à un patchwork de rectangles.

Les fjords norvégiens

La côte déchiquetée de la Norvège est une succession de montagnes abruptes et de bras de mer appelés fjords. Les fjords ont été sculptés par les glaciers. Lorsque la glace s'accumule au sommet d'une montagne, elle devient lourde et commence à glisser vers le bas des pentes, taillant de profondes gorges dans la roche. À la fonte du glacier, l'eau remplit la gorge qui se transforme en fjord.

Cette image-satellite montre une portion de la côte norvégienne. Les fjords sont les lignes bleues plus ou moins grandes.

L'Europe orientale s'étend jusqu'aux montagnes de l'Oural, qui séparent la Russie européenne de la Russie asiatique. L'Europe septentrionale se compose de l'Islande et des pays scandinaves, dont la Norvège et la Suède.

Ce casque viking fut découvert dans une tombe à Uppland, en Suède.

Des dômes en forme d'oignon

Les anciennes églises russes ont une architecture particulière : de hauts murs, peu de portes et de fenêtres et des toits très pentus surmontés de dômes en forme d'oignon. Ce style s'imposa au cours du XIe siècle. Beaucoup étaient construites en bois, un matériau disponible en grande quantité dans les forêts denses de la Russie.

L'église de l'Intercession se dresse sur l'île de Kizhi, dans le nord de la Russie. Elle fut entièrement construite en bois en 1764.

La terre des Vikings

Du IXe au XIe siècle, l'Europe du Nord était sous la domination d'un peuple scandinave, les Vikings, qui maîtrisait parfaitement la construction navale et le commerce maritime. De nos jours, leur héritage est encore visible. Ils ont gravé des histoires et des images sur de larges pierres, les pierres runiques. Nombre de ces pierres sont arrivées jusqu'à nous et ont livré des indices sur leur vie. Le musée des bateaux vikings d'Oslo, en Norvège, possède trois navires vikings très bien conservés. En Suède, une fête viking est organisée chaque année dans un village viking reconstitué.

Budapest à la nuit tombante, avec le pont Chain qui enjambe le Danube et relie Buda et Pest.

Le Danube

Le Danube coule d'ouest en est et traverse de nombreuses villes importantes, telles que Bratislava, la capitale de la Slovaquie, et Budapest, la capitale de la Hongrie.

Le fleuve divise Budapest en deux parties, Buda et Pest. Le Palais royal se trouve à Buda, sur la rive ouest, tandis que le bâtiment du Parlement hongrois est à Pest, sur la rive est.

Liens Internet

Une page qui reconstitue en images la vie quotidienne des Vikings.

Pour le lien vers ce site, connecte-toi à : **www.usborne-quicklinks.com/fr**

Les macareux de l'Atlantique

Le macareux est un oiseau marin commun des rivages de l'Europe septentrionale. Il vit dans les eaux côtières froides du nord de l'océan Atlantique.

Excellent plongeur, il nage sous l'eau pour attraper les poissons dont il se nourrit. Il ne vient à terre qu'une fois par an, pour nidifier en haut des falaises rocheuses et sur les îles herbeuses. L'Islande abrite la plus importante population de macareux, estimée à 9 millions d'individus.

Macareux. Ces oiseaux, sorte de petits pingouins, mesurent environ 18 cm de haut et ont un gros bec orange et bleu.

L'ouest de l'Europe s'étend jusqu'au Portugal, le long de la côte atlantique, tandis que le sud inclut les nombreuses petites îles de la Méditerranée. Les régions méditerranéennes sont réputées pour leur climat chaud, sec et ensoleillé.

Londres

Londres regorge de sites célèbres, depuis le haut clocher de l'horloge de Big Ben, jusqu'au palais de Buckingham, la résidence officielle de la reine du Royaume-Uni.

L'une des plus récentes attractions de la capitale du Royaume-Uni est le London Eye (l'« œil de Londres »), la plus grande roue du monde, qui fut construite pour marquer le millénaire. De son sommet, à 135 m, la vue sur la cité est impressionnante.

La grande roue est installée sur la rive sud de la Tamise. Big Ben est sur la rive opposée.

Liens Internet

Une page en images très intéressante sur l'histoire des premiers Jeux olympiques.

Pour le lien vers ce site, connecte-toi à : **www.usborne-quicklinks.com/fr**

La tour Eiffel

La tour Eiffel fut construite et inaugurée à Paris en 1889, lors de l'Exposition universelle qui célébrait le progrès scientifique et technique de l'époque. Depuis lors, elle a reçu la visite de plus de 200 millions de touristes. Sa structure métallique culmine à 320 m de haut et ses trois étages accueillent des restaurants et des boutiques.

Les 352 projecteurs au sodium placés à l'intérieur des structures de la tour Eiffel donnent un éclairage nocturne éclatant.

La tour de Pise

La tour de Pise, un clocher de 55 m qui fait partie de la cathédrale de Pise, est l'un des sites les plus célèbres d'Italie. Elle a la particularité d'être penchée. Sa construction commença en 1173 et elle se mit à pencher avant même d'être achevée. En effet, le sous-sol, un mélange de sable et d'argile, se tasse facilement. Le poids énorme de la tour a provoqué un affaissement irrégulier du sol et causé son inclinaison. De récents travaux l'ont un peu redressée.

Cette statue en marbre d'un lanceur de disque est une réplique d'une statue de bronze grecque du Ve siècle. La statue se trouve au musée national de Rome et elle symbolise les Jeux olympiques.

La patrie des Jeux olympiques

Tous les quatre ans, des athlètes du monde entier participent à des Jeux olympiques. Les premiers Jeux furent organisés à Olympie, en Grèce, en 776 av. J.-C. pour célébrer le dieu grec Zeus. De nos jours, on peut encore voir une partie des fondations, des gradins et des piliers du stade d'origine dans lequel 30 000 spectateurs pouvaient s'asseoir. Les lignes de départ et d'arrivée de la piste ainsi que les sièges des juges existent encore également.

FINLANDE
Hämeenlinna
Turku
Lahti
Lac Päijänne
Mikkeli
Lac Pyhäjärvi
Lac Saimaa
Kouvola
Lappeenranta
Îles Aland
Espoo
Helsinki
Kotka
Vyborg
Lac Ladoga
Lac Onega
Mer Baltique
Golfe de Finlande
Hiiumaa
Tallinn
Zelenogorsk
Saint-Pétersbourg
Konocha
Haapsalu
Kohtla-Järve
Narva
Kingisepp
Gattchina
Pouchkine
Volkhov
Kuressaare
Saaremaa
ESTONIE
Tikhvine
Lac Blanc
Pärnu
Kirichi
Ventspils
Golfe de Riga
Tartu
Lac Peipous
Lac de Pskov
Voru
Novgorod
Lac Ilmen
Tcherepovets
Vologda
Lac-réservoir de Rybinsk
Jurmala
Cesis
Pskov
Borovitchi
Riga
Aluksne
Jelgava
LETTONIE
Plateau des Valdaï
Plaine germano-polonaise
Rybinsk
Vyshniy Volochek
Siauliai
Jekabpils
Opotchka
343 m
Kostroma
Ludza
Iaroslavl
Volga
Panevezys
Daugavpils
Kinechma
Lac-réservoir de Gorki
LITUANIE
Velikie Louki
Tver
Ivanovo
Kaunas
Navapolatsk
Rjev
Semënov
Marijampole
Polatsk
Serguev-Possad
Daugava
Alytus
Vilnius
Vitebsk
Zelenograd
Vladimir
Nijni-Novgorod
Oka
Molodechno
Moscou
Grodna
Lida
Orcha
Dniepr
Podolsk
Mourom
Minsk
Baryssav
Smolensk
Obninsk
Arzamas
Jodzina
Kolomna
Kalouga
Serpoukhov
Baranovitchi
BIÉLORUSSIE
Maguilev
Riazan
Roslavl
Oka
Sloutsk
Toula
Babrouisk
Saransk
Saligorsk
Jlobine
Pinsk
Marais de Polésie
Briansk
Svetlogorsk
293 m
Pripet
Gomel
Klintsy
Desna
Orel
Penza
Mazyr
Retchitsa
Jelets
Mitchourinsk
Kamenka
Loutsk
Lipetsk
Tambov
Tchernihiv
Rivne
Korosten'
Koursk
Plateau central
Shepetovka
Lac-réservoir de Kiev
Staryï Oskol
Voronej
Jytomyr
Kiev
Soumy
417 m
Dniepr
Khmelnytskyï
Bila Tserkva
Lubny
Vinnytsia
Kharkiv
Kamenets-Podolski
Tcherkassy
Lac-réservoir de Krementchouk
Poltava
Kamychine
Dniestr
Uman'
UKRAINE
Krementchouk
Botosani
Kirovohrad
Oleksandriya
Balti
Slaviansk
Lisichansk
Ribnita
Kramatorsk
Dniprodzerjynsk
Dnipropetrovsk
Donets
Iasi
Volgograd
MOLDAVIE
Pervomays'k
Kryvyï Rih
Horlivka
Louhansk
ROUMANIE
Chisinau
Zaporijjia
Nikopol
Donetsk
Lac-réservoir de Tsimlyansk
Tighina
Tiraspol
Mykolaev
Lac-réservoir de Kakhovka
Don
Dniepr
Novotcherkassk
Bilhorod-Dnistrovs'kyy
Odessa
Kherson
Melitopol
Marioupol
Volgodonsk
Rostov-sur-le-Don
Galati
Berdiansk
Braila
Tulcea
Delta du Danube
Mer Noire
Mer d'Azov
20°E
25°
30°
35°
40°
45°
30°E
55° N
50°
45°
B
C
D
E
2
3
4

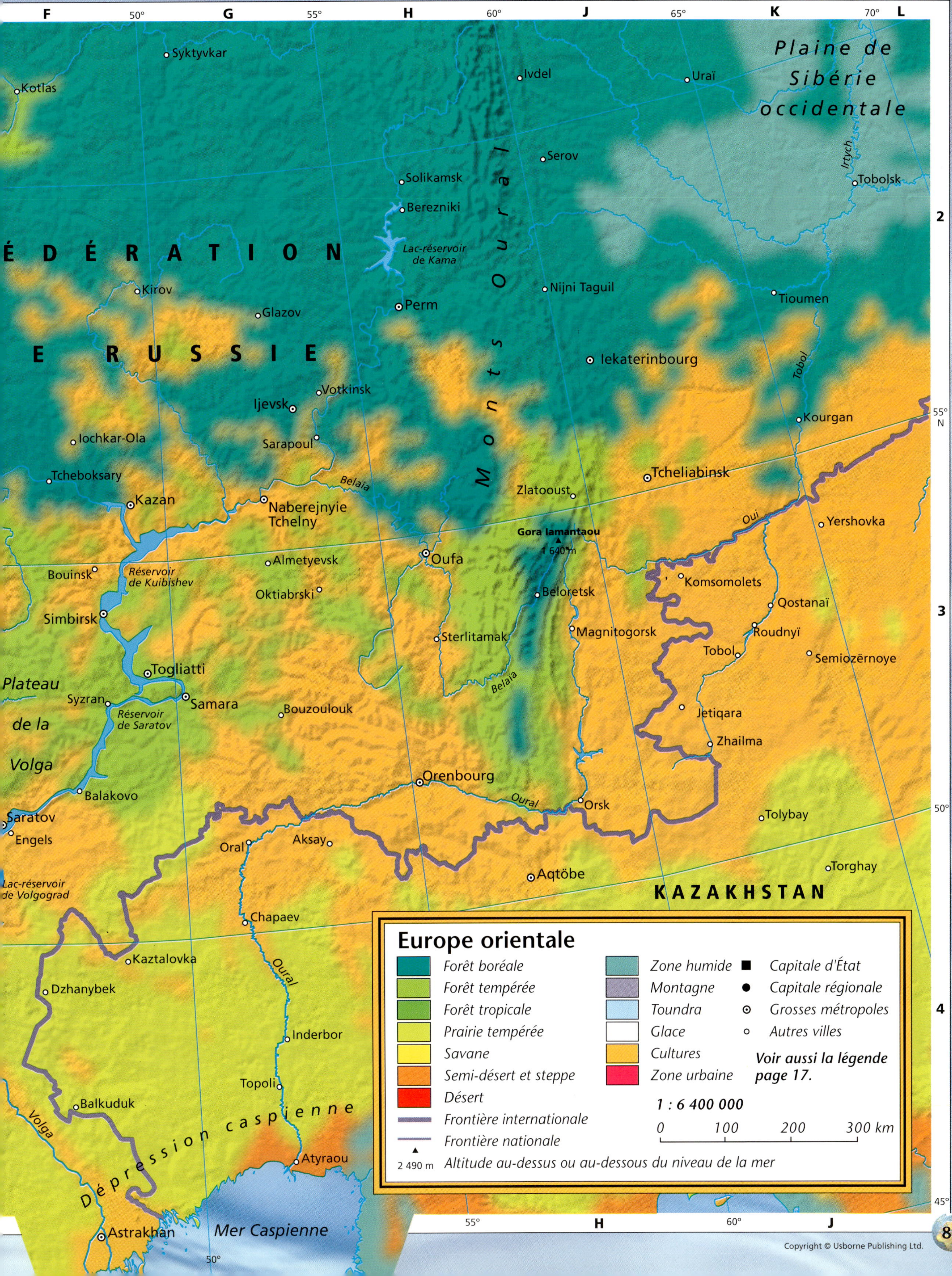

Copyright © Usborne Publishing Ltd.

Mer de Barents
Presqu'île de Kola
Mer Blanche
Mer de Norvège
Golfe de Botnie
Golfe de Finlande
Laponie
FINLANDE
FÉDÉRATION DE RUSSIE
ESTONIE
SUÈDE
NORVÈGE
ISLANDE
Reykjavik
Helsinki
Tallinn
Stockholm
Oslo
Lac Ladoga
Lac Onega
Lac Inari
Lac Oulu
Lac Peipous
Lac Ilmen
Lac Vänern
Lac Malar
Îles Aland
Îles Lofoten
Vestfjorden
Cercle polaire arctique
Cap Nord
OCÉAN ATLANTIQUE
Même échelle que la grande carte
Vatnajökull
Hvannadalshnukur 2 119 m
Kebnekaise 2 114 m
Galdhopiggen 2 469 m
1 191 m
Mourmansk
Severomorsk
Montchegorsk
Apatity
Kandalakcha
Kostomoukcha
Belomorsk
Medvejyegorsk
Petrozavodsk
Vyborg
Zelenogorsk
Saint-Pétersbourg
Pouchkine
Gattchina
Kingisepp
Narva
Novgorod
Volkhov
Tikhvine
Kirichi
Borovitchi
Kohtla-Järve
Haapsalu
Tartu
Vadso
Kirkenes
Hammerfest
Alta
Tromso
Narvik
Kiruna
Bodo
Svolvær
Mo i Rana
Namsos
Steinkjer
Trondheim
Oppdal
Kristiansund
Alesund
Bergen
Odda
Stavanger
Lillehammer
Honefoss
Drammen
Fredrikstad
Larvik
Arendal
Kristiansand
Uddevalla
Utsjoki
Sevettijärvi
Kaamanen
Sodankyla
Rovaniemi
Kuusamo
Tornio
Oulu
Raahe
Kajaani
Kuhmo
Kiuruvesi
Kuopio
Varkaus
Lieksa
Jyväskylä
Mikkeli
Lappeenranta
Kouvola
Kotka
Lahti
Tampere
Hämeenlinna
Espoo
Turku
Pori
Rauma
Vaasa
Kokkola
Kurikka
Alavus
Saarijärvi
Boden
Skelleftea
Umea
Sundsvall
Hudiksvall
Östersund
Gävle
Borlänge
Uppsala
Södertälje
Eskilstuna
Norrköping
Örebro
Karlstad
Lidköping
Linköping
Keflavik
Isafjördhur
Siglufjördhur
Akureyri
Seydhisfjördhur
Faxaflói

Copyright © Usborne Publishing Ltd.

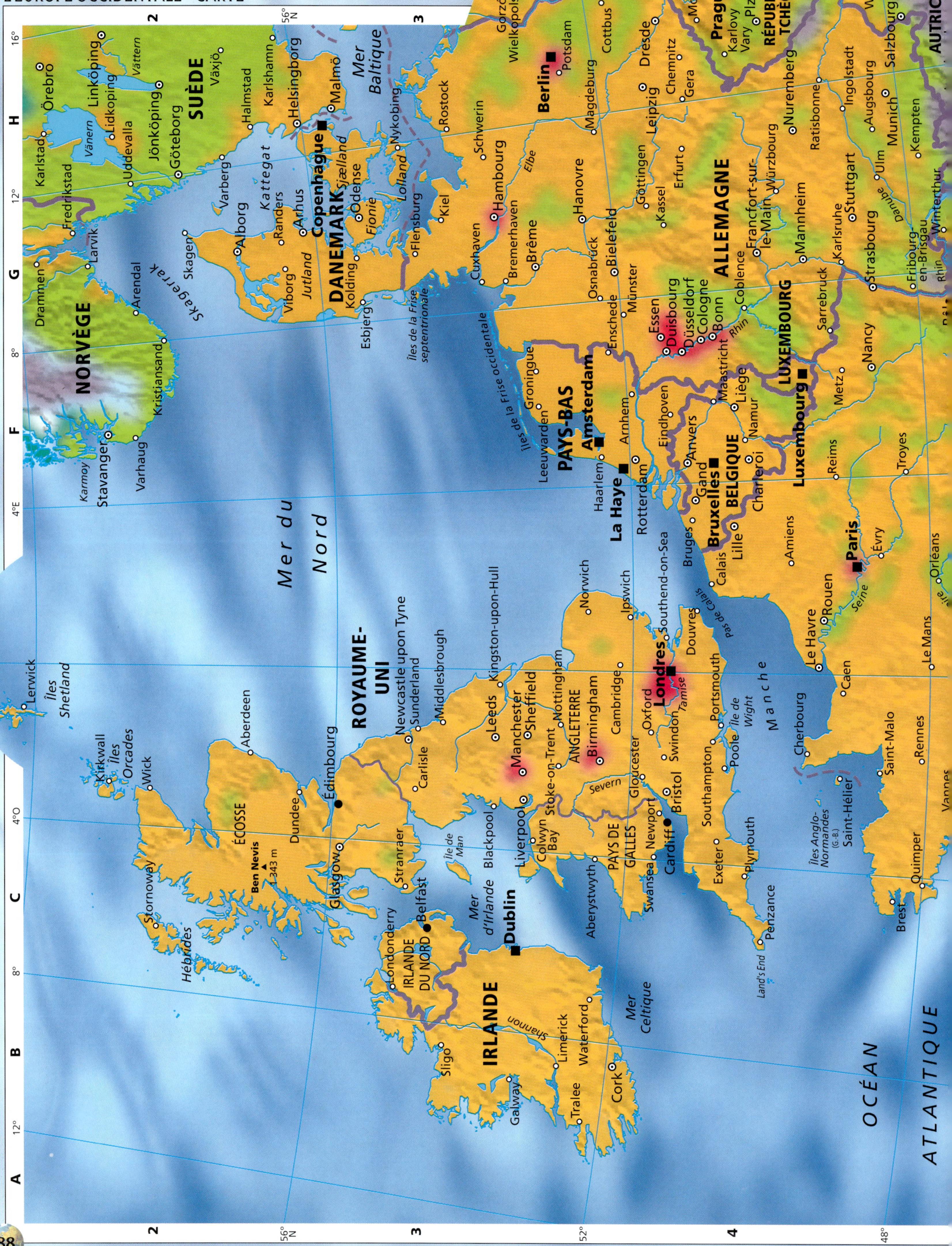

NORVÈGE
SUÈDE
DANEMARK
ROYAUME-UNI
IRLANDE
IRLANDE DU NORD
ÉCOSSE
ANGLETERRE
PAYS DE GALLES
PAYS-BAS
BELGIQUE
LUXEMBOURG
ALLEMAGNE
RÉPUBLIQUE TCHÈQUE
AUTRICHE
Mer du Nord
Mer Baltique
Manche
Mer d'Irlande
Mer Celtique
OCÉAN ATLANTIQUE
Skagerrak
Kattegat
Pas de Calais
Îles Shetland
Îles Orcades
Hébrides
Îles de la Frise occidentale
Îles de la Frise septentrionale
Île de Man
Île de Wight
Îles Anglo-Normandes (G.-B.)
Jutland
Sjælland
Fionie
Lolland
Karmøy
Ben Nevis 1 343 m
Land's End
Shannon
Severn
Tamise
Elbe
Rhin
Danube
Seine
Vänern
Vättern
Lerwick
Kirkwall
Wick
Stornoway
Aberdeen
Dundee
Édimbourg
Glasgow
Stranraer
Londonderry
Belfast
Dublin
Sligo
Galway
Limerick
Tralee
Waterford
Cork
Newcastle upon Tyne
Sunderland
Middlesbrough
Carlisle
Leeds
Kingston-upon-Hull
Blackpool
Liverpool
Manchester
Sheffield
Colwyn Bay
Stoke-on-Trent
Nottingham
Birmingham
Norwich
Cambridge
Ipswich
Oxford
Londres
Southend-on-Sea
Douvres
Gloucester
Swindon
Bristol
Newport
Cardiff
Swansea
Aberystwyth
Southampton
Portsmouth
Poole
Exeter
Plymouth
Penzance
Saint-Hélier
Cherbourg
Caen
Le Havre
Rouen
Le Mans
Saint-Malo
Rennes
Brest
Quimper
Vannes
Orléans
Paris
Évry
Amiens
Calais
Lille
Bruges
Gand
Bruxelles
Anvers
Charleroi
Namur
Liège
Reims
Troyes
Metz
Nancy
Strasbourg
Luxembourg
Maastricht
Eindhoven
Rotterdam
La Haye
Haarlem
Amsterdam
Arnhem
Leeuwarden
Groningue
Enschede
Münster
Osnabrück
Bielefeld
Essen
Duisbourg
Düsseldorf
Cologne
Bonn
Coblence
Sarrebruck
Karlsruhe
Mannheim
Francfort-sur-le-Main
Würzbourg
Stuttgart
Ulm
Fribourg-en-Brisgau
Bâle
Winterthur
Kempten
Augsbourg
Munich
Ingolstadt
Ratisbonne
Nuremberg
Salzbourg
Wels
Erfurt
Kassel
Göttingen
Hanovre
Brême
Bremerhaven
Cuxhaven
Hambourg
Kiel
Flensburg
Schwerin
Rostock
Magdeburg
Leipzig
Gera
Chemnitz
Dresde
Cottbus
Berlin
Potsdam
Gorzów Wielkopolski
Most
Prague
Karlovy Vary
Plzen
Esbjerg
Kolding
Odense
Copenhague
Nykøbing
Århus
Randers
Viborg
Ålborg
Skagen
Malmö
Helsingborg
Karlshamn
Växjö
Halmstad
Varberg
Göteborg
Jönköping
Uddevalla
Lidköping
Linköping
Karlstad
Örebro
Fredrikstad
Larvik
Drammen
Arendal
Kristiansand
Varhaug
Stavanger
A
B
C
G
H
F
2
3
4
0°
4°E
4°O
8°
12°
16°
48°
52°
56° N

Copyright © Usborne Publishing Ltd.

Europe méridionale
Forêt boréale
Forêt tempérée
Forêt tropicale
Prairie tempérée
Savane
Semi-désert et steppe
Désert
Zone humide
Montagne
Toundra
Glace
Cultures
Zone urbaine
Capitale d'État
Capitale régionale
Grosses métropoles
Autres villes
Frontière internationale
Frontière nationale
2 490 m Altitude au-dessus ou au-dessous du niveau de la mer
Voir aussi la légende page 17.
1 : 6 400 000
0 100 200 300 km
FRANCE
BELGIQUE
LUXEMBOURG
ALLEMAGNE
RÉPUBLIQUE TCHÈQUE
SUISSE
LIECHTENSTEIN
AUTRICHE
SLOVÉNIE
CROATIE
BOSNIE-HERZÉGOV
ITALIE
MONACO
SAINT-MARIN
VATICAN
TUNISIE
MALTE
Andorre-la-Vieille
Paris
Luxembourg
Berne
Vaduz
Prague
Vienne
Bratislav
Ljubljana
Zagreb
Rome
Tunis
La Valette
Cherbourg
Le Havre
Rouen
Caen
Amiens
Charleroi
Namur
Reims
Évry
Le Mans
Angers
Orléans
Tours
Poitiers
Nevers
Limoges
Clermont-Ferrand
Saint-Étienne
Massif central
Montauban
Toulouse
Montpellier
Béziers
Nîmes
Troyes
Metz
Nancy
Strasbourg
Dijon
Besançon
Chalon-sur-Saône
Lyon
Genève
Grenoble
Aix-en-Provence
Marseille
Toulon
Nice
Cannes
Golfe du Lion
Seine
Loire
Garonne
Rhône
Coblence
Francfort-sur-le-Main
Mannheim
Sarrebruck
Karlsruhe
Stuttgart
Würzbourg
Nuremberg
Ratisbonne
Ingolstadt
Ulm
Augsbourg
Munich
Fribourg-en-Brisgau
Kempten
Erfurt
Gera
Dresde
Chemnitz
Rhin
Danube
Elbe
Most
Liberec
Karlovy Vary
Plzen
Hradec Králové
Olomouc
Brno
Zlín
Ceske Budejovice
Wroclaw
Walbrzych
Linz
Wels
Sankt Pölten
Salzbourg
Innsbruck
Grossglockner
3 798 m
Villach
Klagenfurt
Knittelfeld
Graz
Gyor
Szombathely
Zalaegerszeg
Maribor
Kranj
Novo Mesto
Karlovac
Bâle
Zurich
Winterthur
Lucerne
Bienne
Lausanne
Lac Léman
Mont Blanc
4 807 m
Alpes
Bolzano
Trente
Lac de Côme
Lac de Garde
Bergame
Brescia
Novare
Milan
Vicence
Turin
Pô
Vérone
Venise
Trieste
Rijeka
Pula
Zadar
Split
Banja Luka
Alpes Dinariques
Parme
Ferrare
Modène
Bologne
Ravenne
Rimini
Gênes
Golfe de Gênes
San Remo
Pise
Livourne
Florence
Ancône
Pérouse
Terni
Pescara
Apennins
Mer Ligurienne
Mer Adriatique
Bastia
Île d'Elbe
Corse (France)
Ajaccio
Porto-Vecchio
Olbia
Sassari
Sardaigne (Italie)
Oristano
Cagliari
Foggia
Bari
Naples
Pompéi
Salerne
Tarente
Mer Tyrrhénienne
Mer Méditerranée
Cosenza
Catanzaro
Îles Éoliennes
Trapani
Palerme
Messine
Sicile
Etna
3 323
Catane
Agrigente
Syracuse
Raguse
Île de Pantelleria (Italie)
Îles Pelagie (Italie)
Annaba
Menzel-Bourguiba
Bizerte
Carthage
Guelma
Souk Ahras
Nabeul
Sousse
Monastir
Kairouan
Tébessa
Kasserine
El Djem
Biskra

Copyright © Usborne Publishing Ltd.

L'AFRIQUE

L'Afrique, le deuxième plus grand continent du monde, est constituée de 53 pays. Certains de ces pays, comme le Soudan, sont grands et arides, tandis que d'autres, comme les Seychelles, sont de petites îles tropicales. Plus du quart des pays africains n'a pas d'accès à la mer, sauf à travers d'autres pays.

Groupe de guerriers massaïs se détachant sur le soleil couchant dans la savane de l'Afrique de l'Est.

Copyright © Usborne Publishing Ltd.

Sur cette carte, les différents coloris permettent de repérer les pays qui forment le continent.

Données

Superficie 30 311 690 km²
Population 794 millions
Plus grande ville Lagos, Nigeria
Plus grand pays Soudan *2 505 810 km²*
Plus petit pays Seychelles *455 km²*

Plus haut sommet (point culminant) Kilimandjaro, Tanzanie *5 895 m*
Plus long fleuve Nil, qui coule du Burundi jusqu'en Égypte *6 671 km*
Plus grand lac Lac Victoria, entre la Tanzanie, le Kenya et l'Ouganda *69 215 km²*
Plus haute chute d'eau Chutes Tugela, sur la rivière Tugela, Afrique du Sud *610 m*
Plus grand désert Sahara, Afrique du Nord *9 100 000 km²*
Plus grande île Madagascar *587 040 km²*

Principaux gisements de minerais Or, cuivre, diamants, fer, manganèse, bauxite
Principaux gisements de combustibles Charbon, uranium, gaz naturel

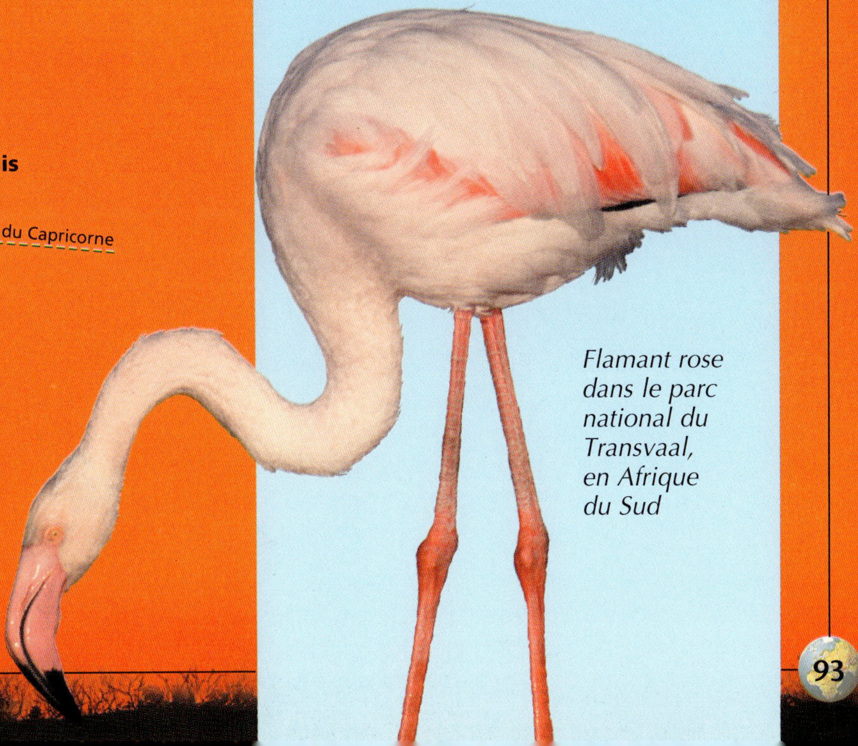

Flamant rose dans le parc national du Transvaal, en Afrique du Sud

L'Afrique peut s'enorgueillir de posséder le plus long fleuve du monde, le Nil, et le plus grand désert, le Sahara. Dans sa partie australe se trouvent deux autres déserts majeurs, le Kalahari et le Namib. Dans les régions centrales, près de l'équateur, s'étendent d'immenses forêts pluviales.

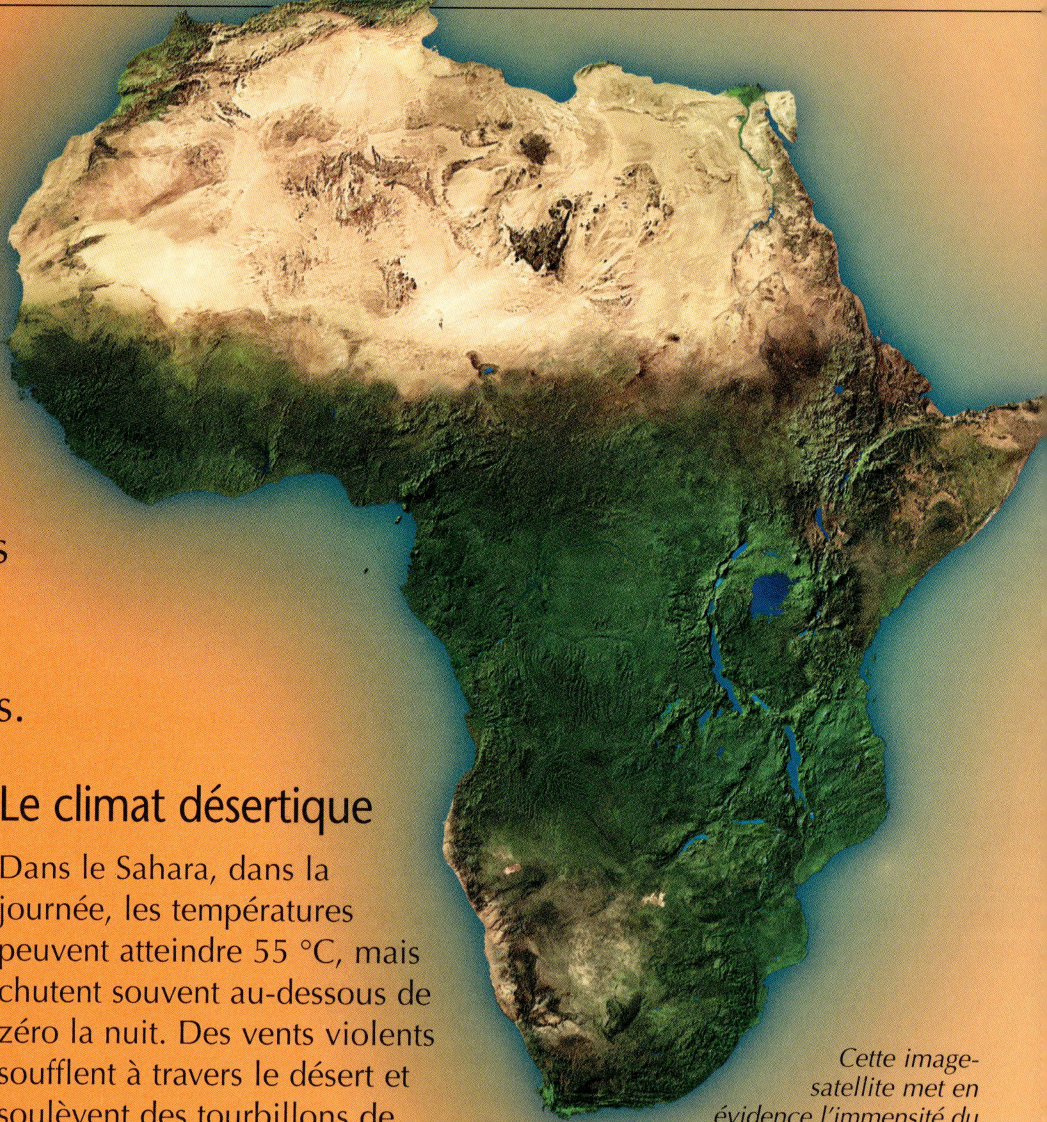

Cette image-satellite met en évidence l'immensité du désert du Sahara, en Afrique du Nord, qui couvre un territoire proche de celui des États-Unis.

Caravane de dromadaires dans le désert du Sahara, en Afrique du Nord. Ces étranges dunes sinueuses ont été modelées par les vents violents.

Le climat désertique

Dans le Sahara, dans la journée, les températures peuvent atteindre 55 °C, mais chutent souvent au-dessous de zéro la nuit. Des vents violents soufflent à travers le désert et soulèvent des tourbillons de poussière qui aspirent du sable et le propulsent en altitude.

Les montagnes du Maroc

Au nord du Sahara, la chaîne montagneuse de l'Atlas domine le Maroc. Un peuple africain, les Berbères, vit dans des villages perchés dans la montagne. Les Berbères habitent le Maroc depuis des millénaires et vivent encore aujourd'hui selon leur coutumes traditionnelles d'éleveurs de chèvres et de moutons.

Sur cette image, on peut voir les plissements et les courbes des montagnes de l'Atlas, au Maroc. Ils sont le résultat de tremblements de terre et d'autres mouvements de la croûte terrestre.

Liens Internet

Pour savoir comment vivent les Berbères du Haut-Atlas marocain.

Pour le lien vers ce site, connecte-toi à : **www.usborne-quicklinks.com/fr**

Un fleuve dans le désert

Le Nil serpente à travers l'est de l'Afrique, depuis le Burundi jusqu'à la mer Méditerranée. Il est pratiquement la seule source d'eau de cette région aride. Naturellement, les grandes villes, telles que Le Caire, en Égypte, se sont développées sur ses rives. Les terres qui le bordent sont suffisamment fertiles pour l'agriculture, en particulier celles de son delta.

Des forêts sauvages

Les grandes forêts équatoriales du centre de l'Afrique abritent plus de la moitié de la faune sauvage africaine, qui inclut les gorilles, les chimpanzés et les éléphants. Un grand nombre de ces animaux n'ont jamais eu de contact avec les êtres humains.

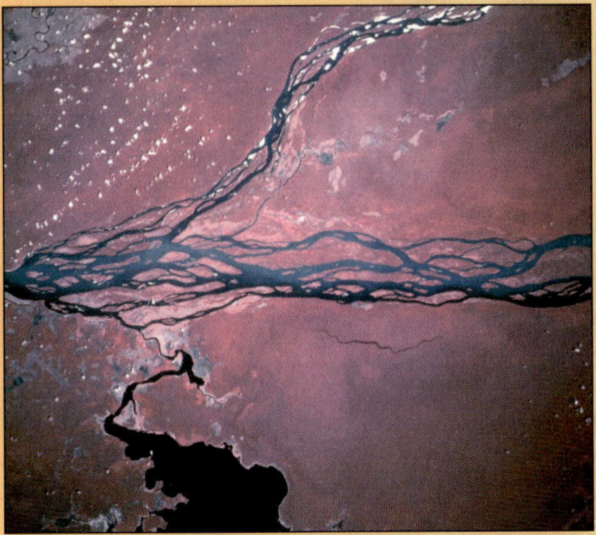

Sur cette image-satellite, la forêt équatoriale d'Afrique centrale apparaît en rose. Au centre, coule le Congo. Le fleuve se divise en de nombreux bras, créant une immense région marécageuse.

À droite, la masse d'eau bleu foncé est la mer Rouge. La pointe de terre triangulaire qui se trouve entre ses deux bras est une partie de l'Égypte.

Le Nil, en Égypte. En atteignant la mer, le fleuve se divise pour former un vaste delta, visible en vert en haut de l'image, où les terres sont marécageuses et fertiles.

Le pays le plus connu du continent africain est sans doute l'Égypte, car hormis ses villes affairées, il abrite les vestiges grandioses de civilisations anciennes. L'Afrique est aussi riche en magnifiques paysages, comme il en existe dans les parcs naturels du sud et de l'est du continent.

Le Sphinx et les pyramides

À Gizeh, en Égypte, se dressent trois grandes pyramides, merveilles du monde antique. Ces monuments en pierre furent érigés par les anciens Égyptiens pour servir de tombeaux à leurs pharaons. Il fallut sans doute une vingtaine d'années pour construire la plus grande, haute de 140 m. On peut admirer une photographie de ces pyramides à la page 1 de cet atlas.

Devant les pyramides se tient l'énorme statue d'un lion à tête humaine, le Sphinx. Il fut probablement érigé en l'honneur d'un pharaon, mais personne ne sait lequel. Selon certains historiens, il y aurait des chambres secrètes et des tunnels sous le Sphinx.

Le Sphinx de Gizeh fut sculpté dans du calcaire tendre qui s'est effrité au cours des siècles. Une partie de son nez a disparu.

Le Cap

À l'extrémité la plus australe de l'Afrique du Sud se trouve Le Cap, une ville renommée pour ses bâtiments élégants, ses plages de sable fin et son bord de mer très animé. La ville est située juste à côté de Table Mountain, une montagne au sommet aplati souvent couverte d'une couche d'épais nuages.

Le Cap avec Table Mountain en arrière-plan

Caméléon-panthère sur une branche. Cette espèce ne vit qu'à Madagascar. Le caméléon peut enrouler sa queue autour d'une branche pour s'agripper.

Les safaris

Une foule d'animaux sauvages, lions, éléphants, buffles et zèbres, vivent dans les savanes herbeuses de l'Afrique orientale et australe. Dans les nombreux parcs où la faune est protégée, les touristes peuvent venir les admirer au cours de safaris.

Ces parcs sont les derniers lieux qui abritent le guépard. Ce grand félin, autrefois répandu dans toute l'Afrique, est désormais en danger. Le guépard est l'animal terrestre le plus rapide. Il peut atteindre une vitesse de 115 km/h.

Des animaux uniques

Madagascar est une grande île de l'océan Indien, au large de la côte sud-est de l'Afrique. Ses épaisses forêts tropicales humides recèlent des animaux que l'on ne trouve nulle part ailleurs, tels que de rares caméléons ainsi que plus de 50 espèces de lémuriens, sortes de primates.

Liens Internet

Découvre la flore et la faune malgaches sur ce site avec de superbes photos.

Pour le lien vers ce site, connecte-toi à : **www.usborne-quicklinks.com/fr**

Ce guépard du Kenya, en Afrique de l'Est, crache et siffle férocement pour effrayer ses ennemis.

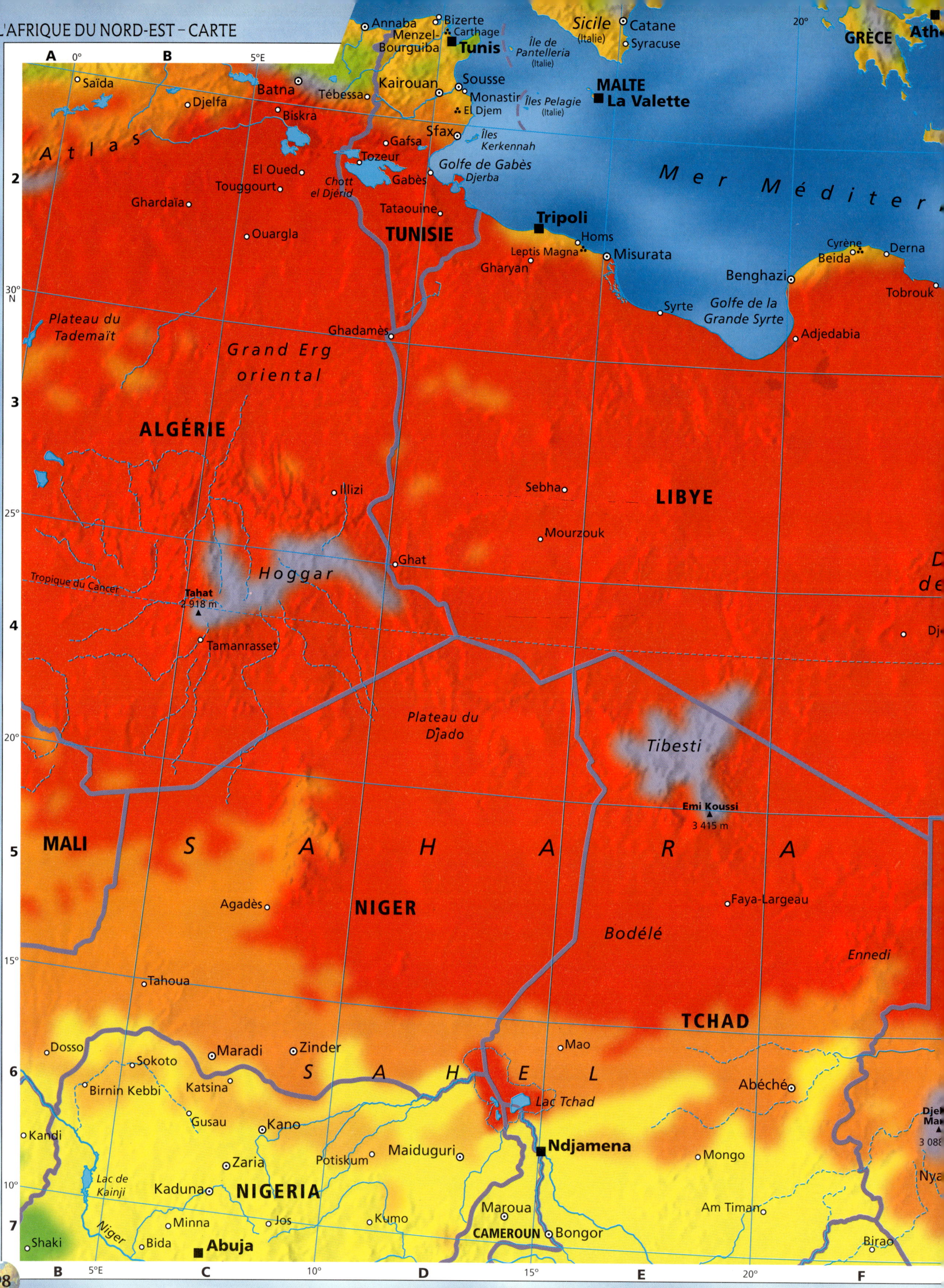
Annaba
Bizerte
Carthage
Menzel-Bourguiba
Tunis
Sicile (Italie)
Catane
Syracuse
Île de Pantelleria (Italie)
GRÈCE
Saïda
Batna
Tébessa
Kairouan
Sousse
Monastir
El Djem
Îles Pelagie (Italie)
MALTE
La Valette
Djelfa
Biskra
Atlas
Gafsa
Sfax
Îles Kerkennah
Tozeur
El Oued
Chott el Djérid
Gabès
Golfe de Gabès
Djerba
Touggourt
Ghardaïa
Tataouine
Mer Méditer
Ouargla
TUNISIE
Tripoli
Homs
Leptis Magna
Misurata
Gharyan
Cyrène
Beida
Derna
Benghazi
Tobrouk
Syrte
Golfe de la Grande Syrte
Plateau du Tademaït
Ghadamès
Adjedabia
Grand Erg oriental
ALGÉRIE
Illizi
Sebha
LIBYE
Mourzouk
Ghat
Hoggar
Tropique du Cancer
Tahat 2 918 m
Tamanrasset
Plateau du Djado
Tibesti
Emi Koussi 3 415 m
MALI
S A H A R A
Agadès
NIGER
Faya-Largeau
Bodélé
Ennedi
Tahoua
TCHAD
Dosso
Maradi
Zinder
Mao
Sokoto
S A H E L
Birnin Kebbi
Katsina
Abéché
Lac Tchad
Gusau
Kano
Kandi
Ndjamena
Zaria
Potiskum
Maiduguri
Mongo
Lac de Kainji
Kaduna
NIGERIA
Maroua
Am Timan
Minna
Jos
Kumo
Niger
CAMEROUN
Bongor
Shaki
Bida
Abuja
Birao
A B C D E F
2 3 4 5 6 7
0°
5°E
10°
15°
20°
30° N
25°
20°
15°
10°

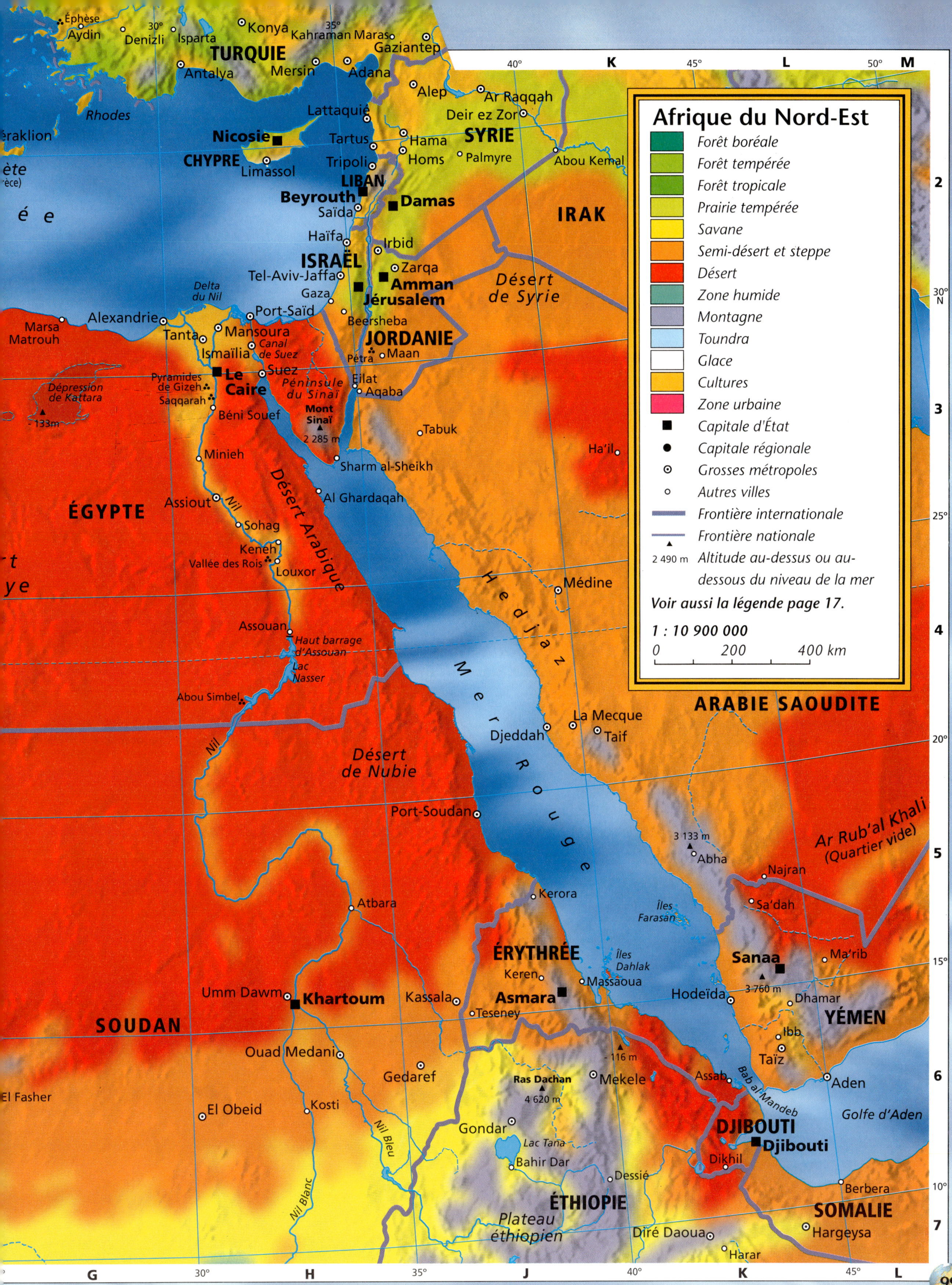

Copyright © Usborne Publishing Ltd.

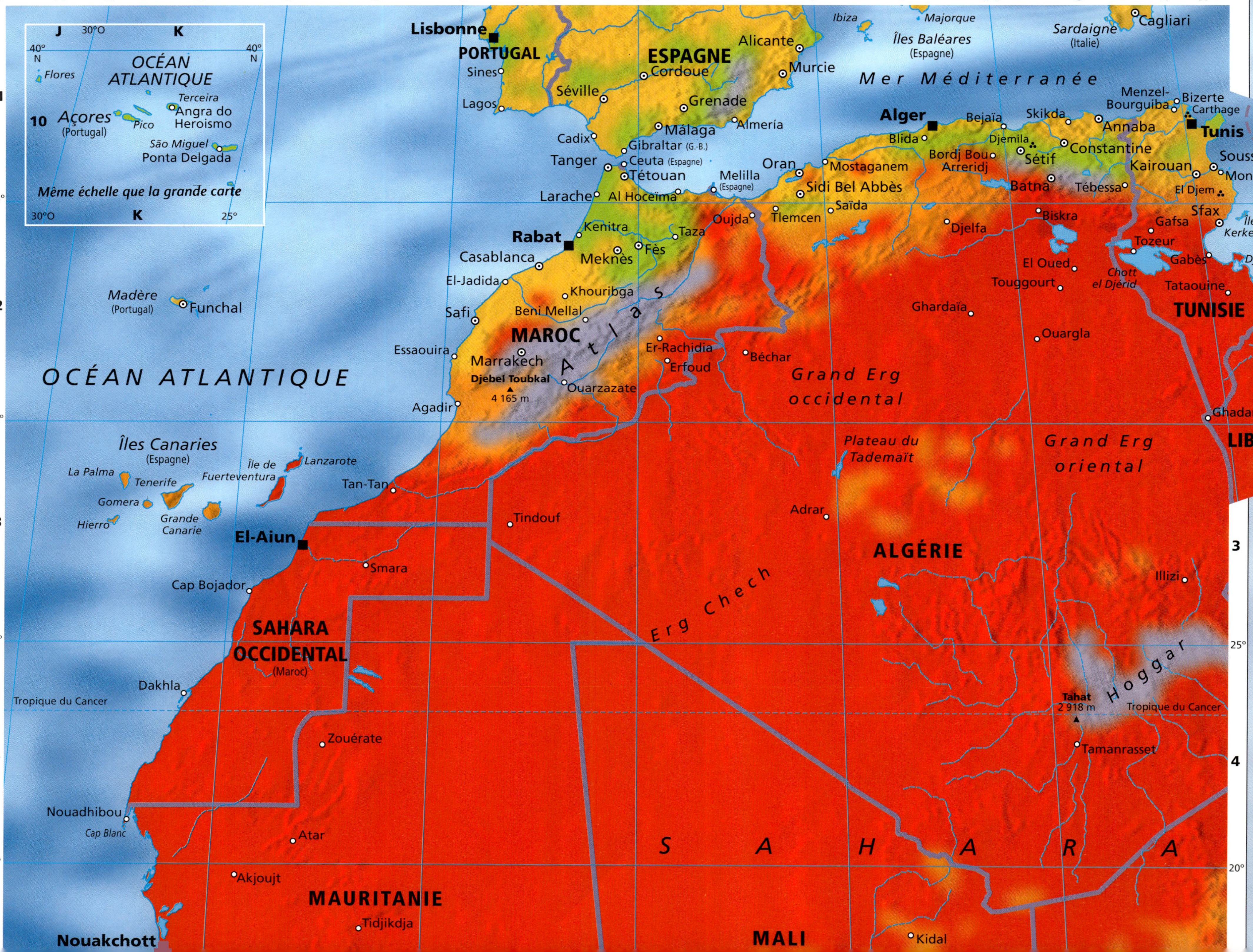
OCÉAN ATLANTIQUE
Flores
Açores
(Portugal)
Pico
Terceira
Angra do Heroismo
São Miguel
Ponta Delgada
Même échelle que la grande carte
Madère
(Portugal)
Funchal
OCÉAN ATLANTIQUE
Îles Canaries
(Espagne)
La Palma
Tenerife
Gomera
Hierro
Grande Canarie
Île de Fuerteventura
Lanzarote
Lisbonne
PORTUGAL
Sines
Lagos
ESPAGNE
Séville
Cordoue
Grenade
Alicante
Murcie
Málaga
Almería
Cadix
Gibraltar (G.-B.)
Ceuta (Espagne)
Tanger
Tétouan
Larache
Al Hoceïma
Melilla
(Espagne)
Ibiza
Majorque
Îles Baléares
(Espagne)
Sardaigne
(Italie)
Cagliari
Mer Méditerranée
Rabat
Kenitra
Casablanca
Meknès
Fès
Taza
Oujda
El-Jadida
Khouribga
Safi
Beni Mellal
MAROC
Atlas
Essaouira
Marrakech
Djebel Toubkal
4 165 m
Ouarzazate
Agadir
Er-Rachidia
Erfoud
Béchar
Tan-Tan
Tindouf
El-Aiun
Smara
Cap Bojador
SAHARA OCCIDENTAL
(Maroc)
Dakhla
Tropique du Cancer
Zouérate
Nouadhibou
Cap Blanc
Atar
Akjoujt
MAURITANIE
Tidjikdja
Nouakchott
Alger
Blida
Bejaïa
Skikda
Annaba
Djemila
Sétif
Constantine
Bordj Bou Arreridj
Batna
Tébessa
Oran
Mostaganem
Sidi Bel Abbès
Saïda
Tlemcen
Djelfa
Biskra
El Oued
Touggourt
Ghardaïa
Ouargla
Grand Erg occidental
Grand Erg oriental
Plateau du Tademaït
Adrar
ALGÉRIE
Erg Chech
Illizi
Hoggar
Tahat
2 918 m
Tamanrasset
Tropique du Cancer
S A H A R A
MALI
Kidal
Menzel-Bourguiba
Bizerte
Carthage
Tunis
Sousse
Kairouan
Monastir
El Djem
Sfax
Îles Kerkennah
Gafsa
Tozeur
Chott el Djérid
Gabès
Djerba
Tataouine
TUNISIE
Ghadamès
LIBYE

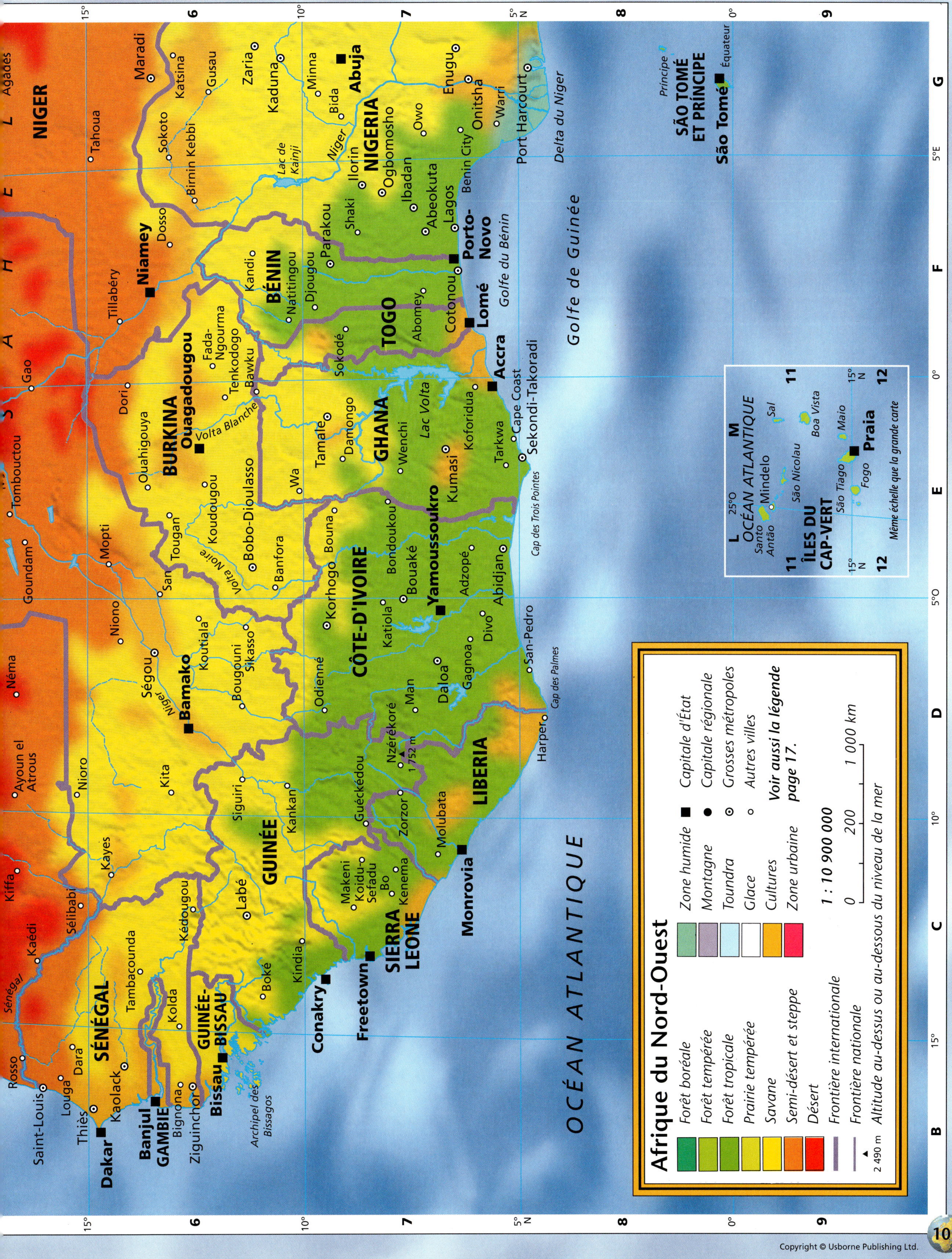

Copyright © Usborne Publishing Ltd.

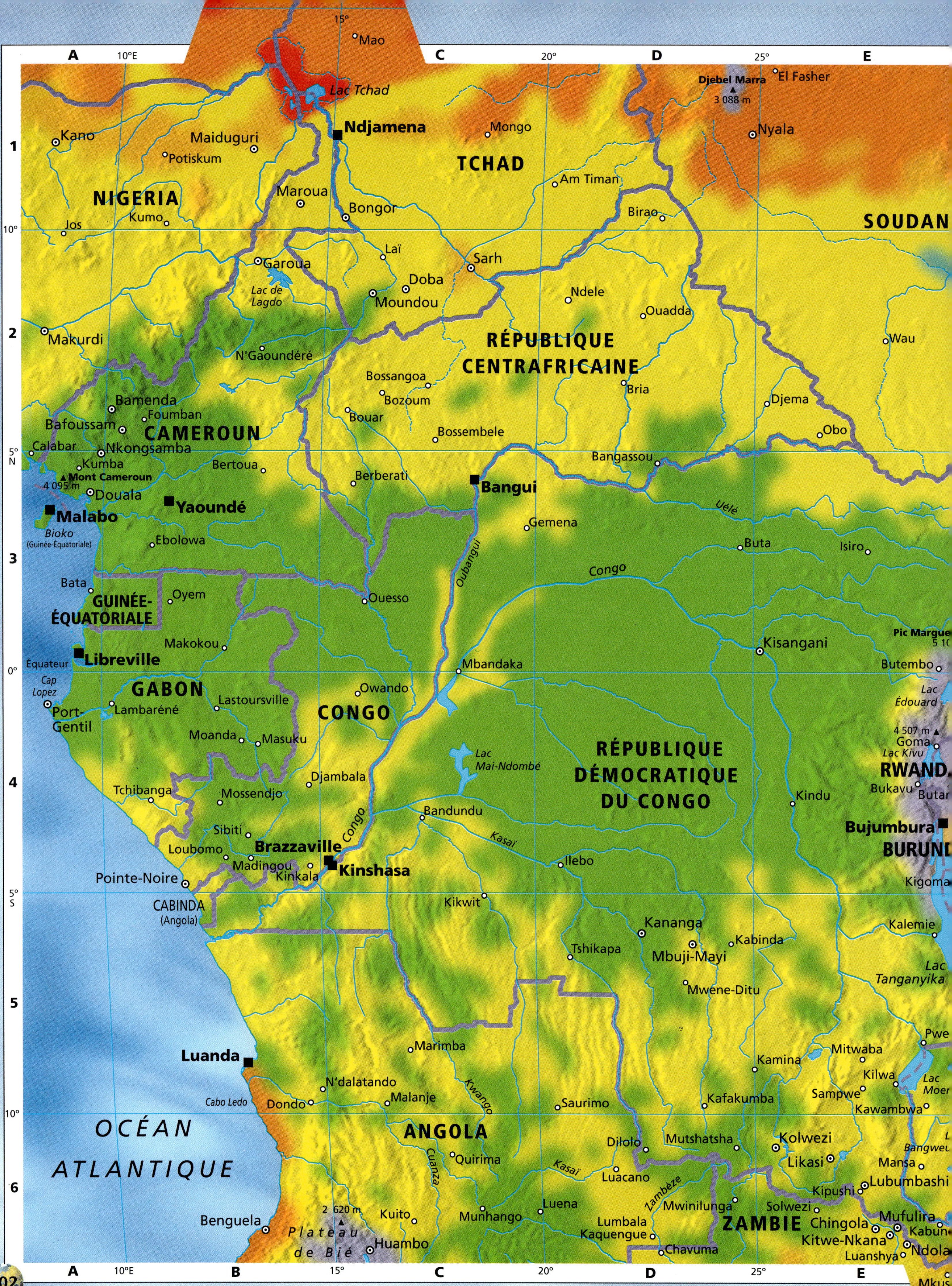

A
B
C
D
E
1
2
3
4
5
6
10°E
15°
20°
25°
10°
5° N
0°
5° S
Mao
Lac Tchad
Ndjamena
Mongo
TCHAD
Am Timan
Birao
Djebel Marra
3 088 m
El Fasher
Nyala
SOUDAN
Kano
Maiduguri
Potiskum
NIGERIA
Maroua
Bongor
Kumo
Jos
Laï
Sarh
Garoua
Lac de Lagdo
Doba
Moundou
Ndele
Ouadda
Makurdi
N'Gaoundéré
RÉPUBLIQUE CENTRAFRICAINE
Wau
Bossangoa
Bozoum
Bria
Bamenda
Foumban
Djema
Bouar
Bafoussam
CAMEROUN
Bossembele
Obo
Calabar
Nkongsamba
Kumba
Mont Cameroun
4 095 m
Bertoua
Bangassou
Berberati
Bangui
Douala
Malabo
Yaoundé
Bioko
(Guinée-Équatoriale)
Gemena
Uélé
Ebolowa
Buta
Isiro
Congo
Bata
GUINÉE-ÉQUATORIALE
Oyem
Ouesso
Oubangui
Pic Margue
5 10
Makokou
Kisangani
Libreville
Équateur
Mbandaka
Butembo
Cap Lopez
GABON
Owando
Lac Édouard
Port-Gentil
Lambaréné
Lastoursville
CONGO
4 507 m
Goma
Lac Kivu
Moanda
Masuku
Lac Mai-Ndombé
RÉPUBLIQUE DÉMOCRATIQUE DU CONGO
RWAND
Djambala
Tchibanga
Mossendjo
Bukavu
Butar
Kindu
Bandundu
Bujumbura
BURUND
Sibiti
Kasaï
Loubomo
Brazzaville
Congo
Madingou
Kinkala
Kinshasa
Ilebo
Pointe-Noire
Kigoma
Kikwit
CABINDA
(Angola)
Kananga
Kabinda
Kalemie
Tshikapa
Mbuji-Mayi
Lac Tanganyika
Mwene-Ditu
Pwe
Marimba
Luanda
Kamina
Mitwaba
Kilwa
N'dalatando
Lac Moer
Kwango
Malanje
Sampwe
Cabo Ledo
Dondo
Saurimo
Kafakumba
Kawambwa
OCÉAN ATLANTIQUE
ANGOLA
Dilolo
Mutshatsha
Kolwezi
Bangweu
Quirima
Likasi
Mansa
Cuanza
Kasaï
Luacano
Lubumbashi
Zambèze
Kipushi
2 620 m
Luena
Mwinilunga
Solwezi
Benguela
Kuito
Munhango
Lumbala Kaquengue
ZAMBIE
Chingola
Mufulira
Kabun
Plateau de Bié
Huambo
Kitwe-Nkana
Chavuma
Ndola
Luanshya
Mkus

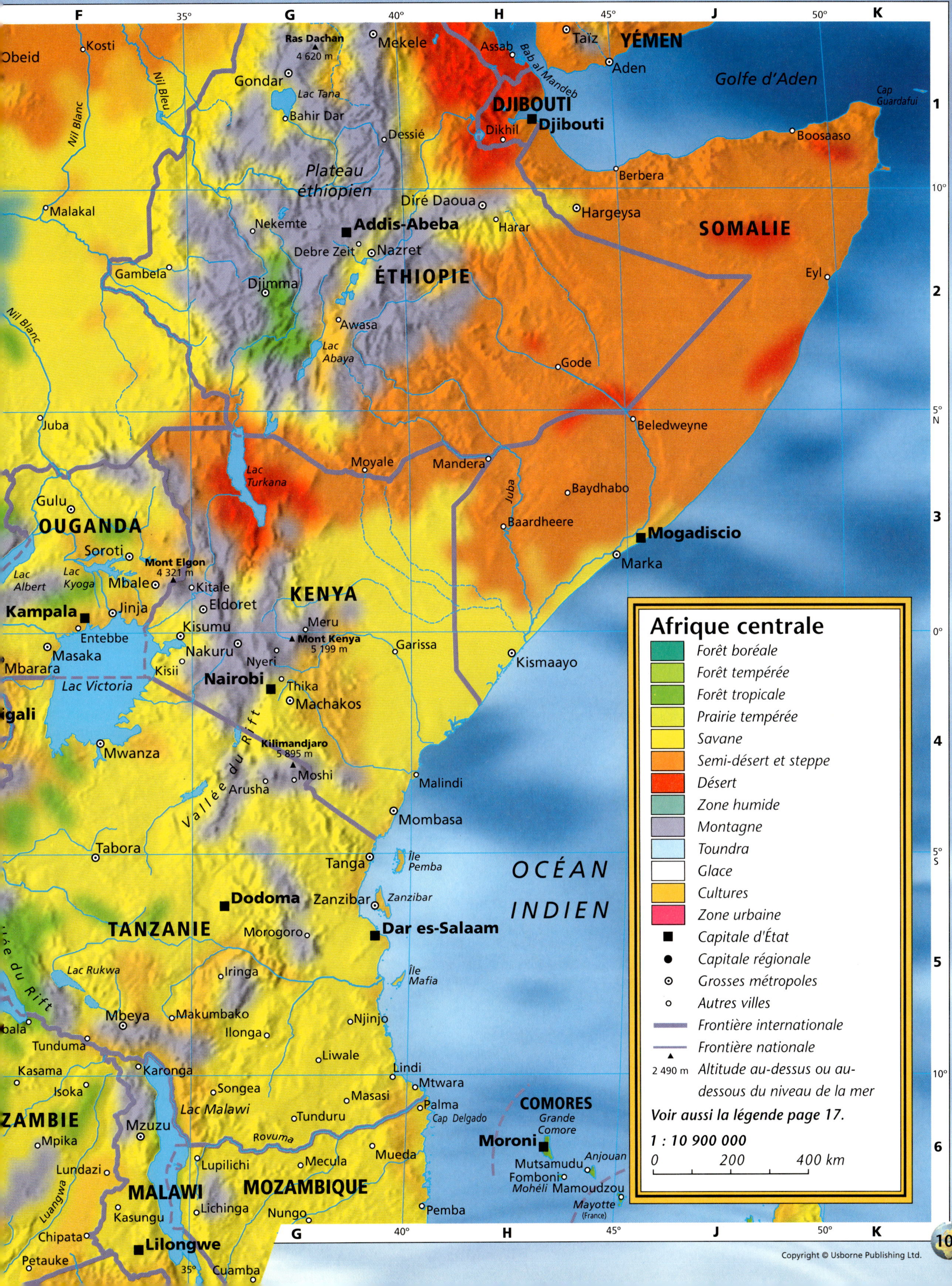

Copyright © Usborne Publishing Ltd.

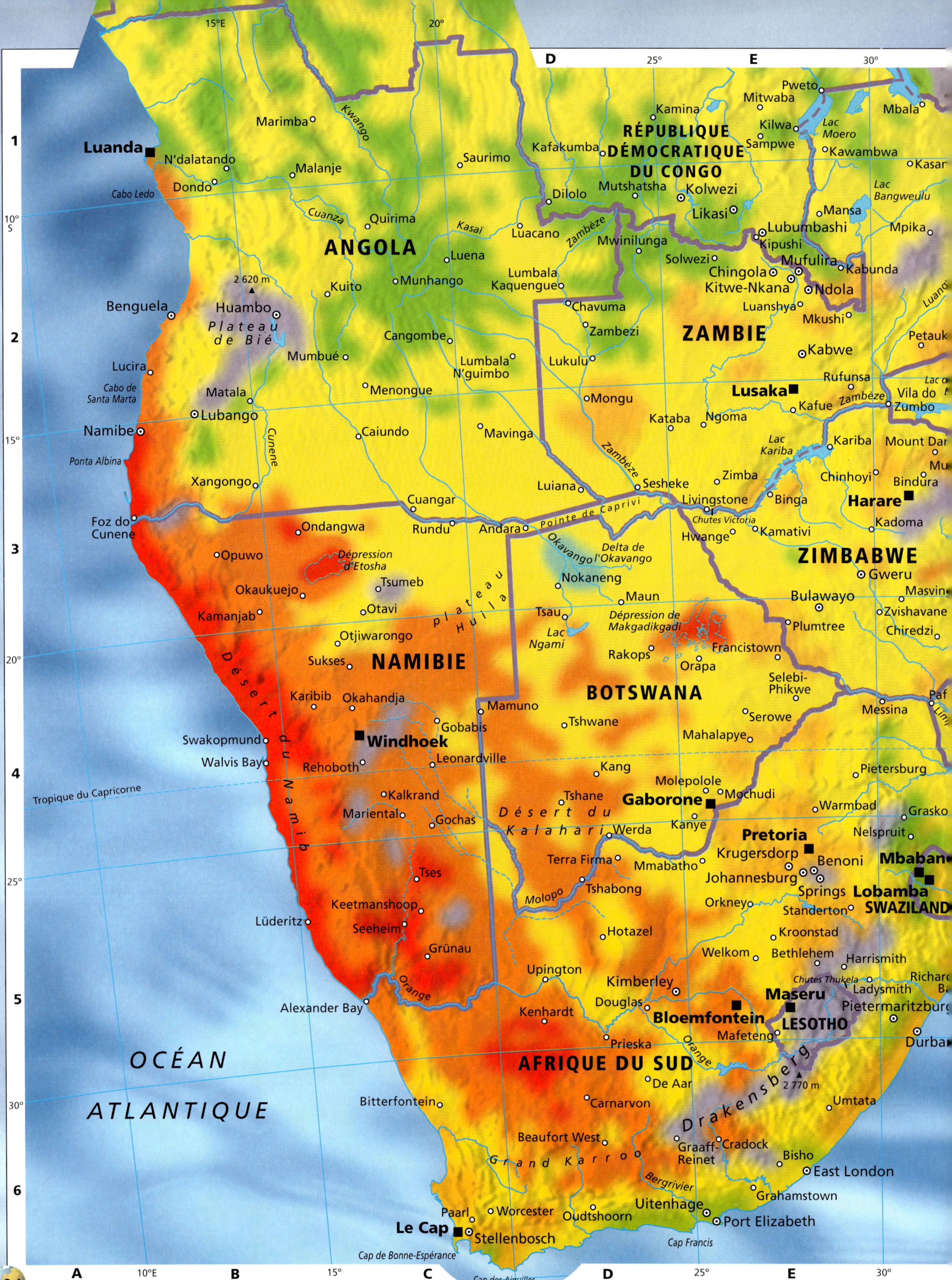

15°E
20°
D
25°
E
30°
1
2
3
4
5
6
10° S
15°
20°
25°
30°
A
10°E
B
15°
C
D
25°
E
30°
Luanda
N'dalatando
Dondo
Cabo Ledo
Malanje
Marimba
Kwango
Saurimo
Kafakumba
Kamina
RÉPUBLIQUE DÉMOCRATIQUE DU CONGO
Mitwaba
Pweto
Kilwa
Sampwe
Lac Moero
Mbala
Kawambwa
Kasama
Lac Bangweulu
Dilolo
Mutshatsha
Kolwezi
Likasi
Mansa
Mpika
Cuanza
Quirima
Kasaï
Luacano
Zambèze
Mwinilunga
Lubumbashi
Kipushi
ANGOLA
Luena
Solwezi
Chingola
Mufulira
Kabunda
Kitwe-Nkana
Ndola
Luanshya
Mkushi
2 620 m
Kuito
Munhango
Lumbala Kaquengue
Chavuma
Zambezi
Benguela
Huambo
Plateau de Bié
Cangombe
ZAMBIE
Petauke
Mumbué
Lumbala N'guimbo
Lukulu
Kabwe
Lucira
Cabo de Santa Marta
Matala
Menongue
Rufunsa
Lusaka
Vila do Zumbo
Lubango
Mongu
Kafue
Zambèze
Namibe
Caiundo
Mavinga
Kataba
Ngoma
Ponta Albina
Cunene
Lac Kariba
Kariba
Mount Darwin
Chinhoyi
Bindura
Xangongo
Zambèze
Zimba
Luiana
Sesheke
Harare
Foz do Cunene
Cuangar
Livingstone
Binga
Rundu
Andara
Pointe de Caprivi
Chutes Victoria
Kadoma
Ondangwa
Hwange
Kamativi
Opuwo
Dépression d'Etosha
Okavango
Delta de l'Okavango
ZIMBABWE
Tsumeb
Nokaneng
Gweru
Okaukuejo
Maun
Masvingo
Kamanjab
Otavi
Plateau Huila
Tsau
Dépression de Makgadikgadi
Bulawayo
Zvishavane
Lac Ngami
Plumtree
Chiredzi
Otjiwarongo
Francistown
Sukses
NAMIBIE
Rakops
Orapa
Désert du Namib
Selebi-Phikwe
Karibib
Okahandja
BOTSWANA
Mamuno
Serowe
Messina
Gobabis
Tshwane
Swakopmund
Windhoek
Mahalapye
Walvis Bay
Leonardville
Rehoboth
Kang
Pietersburg
Tropique du Capricorne
Molepolole
Kalkrand
Tshane
Mochudi
Gaborone
Mariental
Gochas
Désert du Kalahari
Warmbad
Kanye
Grasko
Werda
Pretoria
Nelspruit
Krugersdorp
Benoni
Mbabane
Terra Firma
Mmabatho
Johannesburg
Tses
Springs
Lobamba
Tshabong
SWAZILAND
Molopo
Orkney
Standerton
Keetmanshoop
Lüderitz
Seeheim
Hotazel
Kroonstad
Welkom
Bethlehem
Harrismith
Grünau
Upington
Chutes Thukela
Ladysmith
Kimberley
Maseru
Orange
Douglas
Alexander Bay
Kenhardt
Bloemfontein
LESOTHO
Pietermaritzburg
Mafeteng
Durban
Prieska
OCÉAN
Orange
AFRIQUE DU SUD
De Aar
2 770 m
Drakensberg
Bitterfontein
ATLANTIQUE
Carnarvon
Umtata
Beaufort West
Graaff-Reinet
Cradock
Grand Karro
Bisho
East London
Bergrivier
Grahamstown
Paarl
Worcester
Oudtshoorn
Uitenhage
Port Elizabeth
Le Cap
Stellenbosch
Cap de Bonne-Espérance
Cap Francis
Cap des Aiguilles

Copyright © Usborne Publishing Ltd.

L'ARCTIQUE ET L'ANTARCTIQUE

L'Arctique et l'Antarctique sont les régions du monde les plus froides. L'Arctique se situe autour du pôle Nord et englobe l'océan Arctique et les parties les plus septentrionales de l'Europe, de l'Amérique du Nord et de l'Asie. L'Antarctique est l'immense continent qui se trouve au pôle Sud.

La zone blanche sur cette image-satellite est la glace qui couvre l'océan Arctique et le Groenland. En haut, à gauche, on peut voir le nord de la Russie et en haut à droite, celui de l'Europe.

Une île gelée

La plus grande île du monde, le Groenland, fait partie de l'Arctique. La plupart des habitants vivent le long des côtes rocheuses, l'intérieur des terres étant recouvert d'une épaisse couche de glace presque toute l'année.

Voici l'entrée de l'hôtel de glace de l'Arctique suédois. Ouvert tout l'hiver, il fond au printemps quand la température se réchauffe. L'hiver suivant, il est reconstruit.

Liens Internet

Pour voir quelques représentants de la faune arctique et sub-arctique.

Pour le lien vers ce site, connecte-toi à : **www.usborne-quicklinks.com/fr**

Un hôtel de glace

Chaque hiver, dans le nord de la Suède, un hôtel est entièrement construit en glace. Les meubles sont sculptés dans la glace et même les lits sont faits de blocs de glace. Les clients dorment dans des sacs de couchage spéciaux et sous d'épaisses fourrures.

Un continent de glace

Une immense chape de glace dentelée recouvre en permanence la quasi-totalité de l'Antarctique et s'étend sur les eaux côtières. Selon les scientifiques, la région la plus occidentale du continent pourrait être constituée d'îles, mais c'est impossible à vérifier car elles sont profondément ensevelies sous la glace.

Les zones les plus sombres de cette image-satellite sont celles où la glace dépasse 3 km d'épaisseur.

Le centre de l'Antarctique est hérissé de montagnes et l'ouest de volcans. L'un des volcans chauffe tellement les eaux environnantes qu'on pourrait s'y baigner.

La vie sauvage

En Antarctique, la température peut chuter à – 80 °C en hiver, ce qui est trop froid pour que des gens puissent y vivre. Seuls des scientifiques y séjournent l'été. Aucune plante ne pousse dans la glace et les seuls animaux terrestres sont de minuscules acariens. Toutefois, la faune marine est riche : manchots, phoques, baleines et poissons.

Les manchots de l'Antarctique vivent dans l'océan mais viennent sur les côtes pour se reproduire.

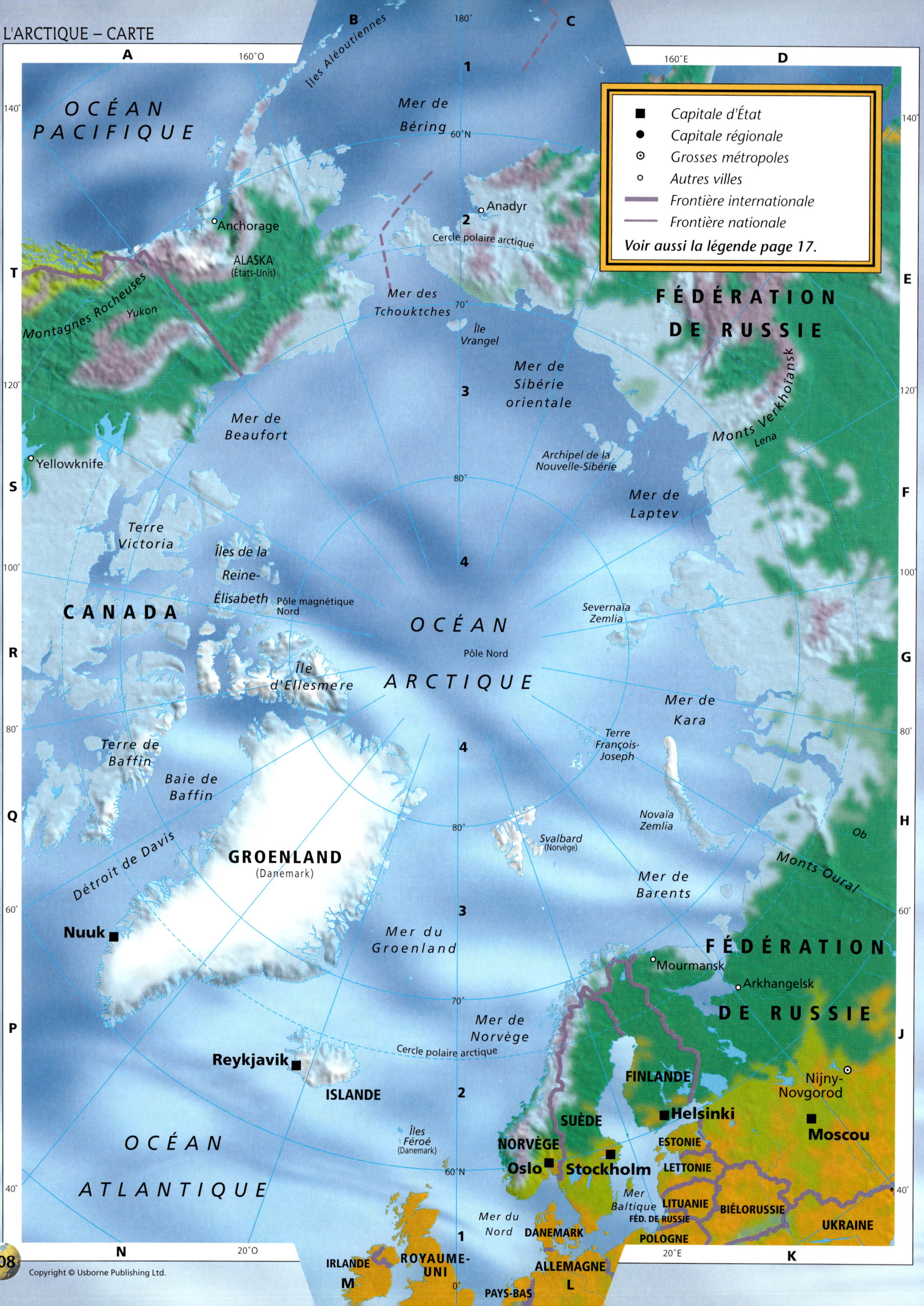

Copyright © Usborne Publishing Ltd.

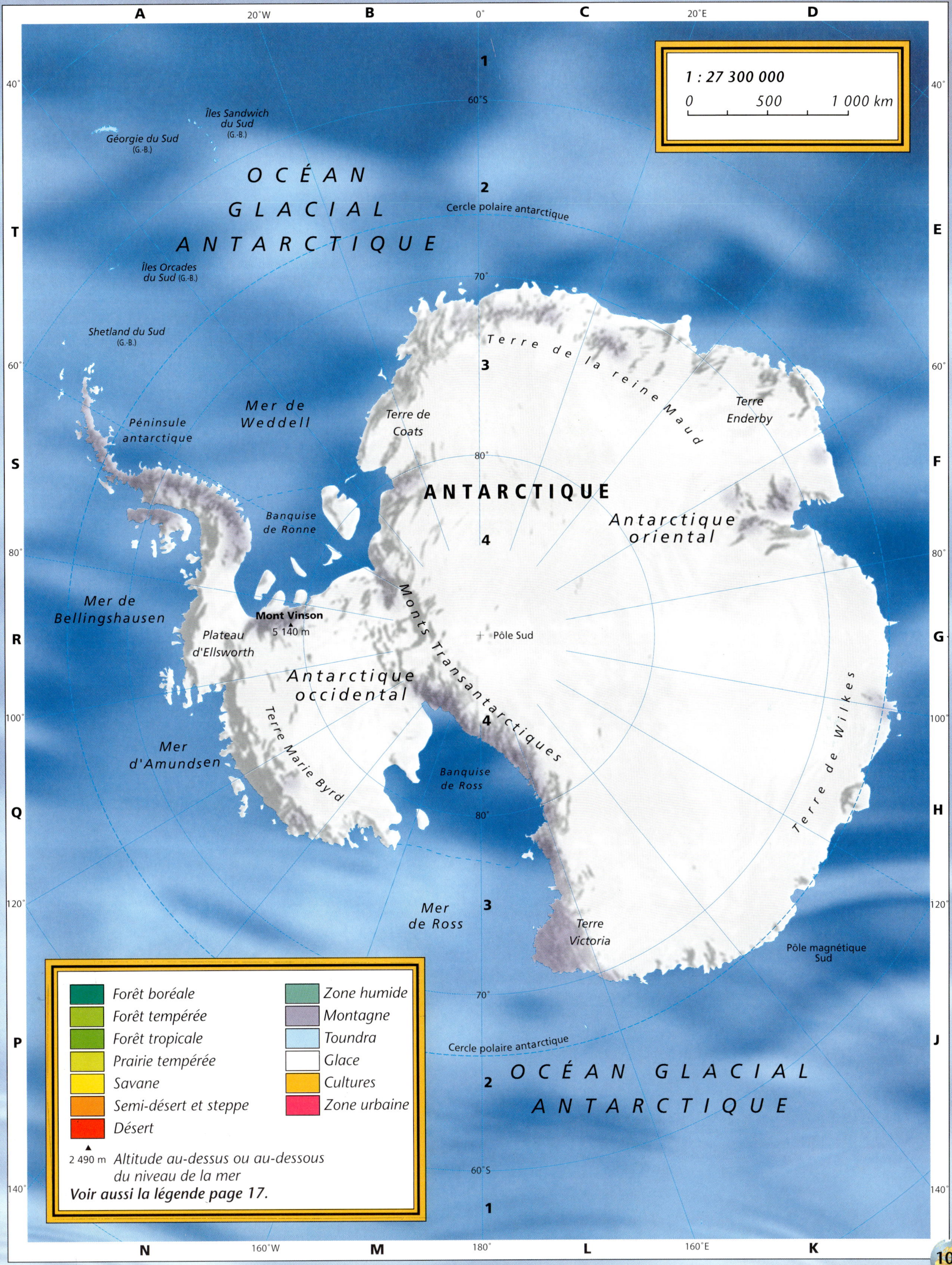

Copyright © Usborne Publishing Ltd.

QUIZ GÉOGRAPHIQUE

Ces quelques questions te permettront de tester tes connaissances sur les pays, les villes, les sites et les animaux. Les réponses figurent à la page 129.

Lieux mystérieux

Quels sites célèbres sont montrés sur ces photographies ? Chacun est présenté avec des indices.

Cette immense église à l'architecture audacieuse fut dessinée par Antonio Gaudi, un architecte espagnol.

Cet extraordinaire palais de marbre fut construit par un empereur indien.

Ce fameux pont d'acier traverse la baie d'une grande ville nord-américaine. Il fut inauguré en 1937 et resta pendant de nombreuses années le plus long pont suspendu du monde.

Ces ruines sont les vestiges des temples et d'autres bâtiments publics de l'Antiquité les plus importants en Europe.

Cette métropole et dominée par la plus haute tour isolée du monde. Les visiteurs peuvent monter jusqu'à son sommet, où se trouvent un restaurant et une plate-forme panoramique en verre. Sais-tu de quelle tour il s'agit et dans quelle ville elle se trouve ?

Quiz rapide

1. Quel pays possède un drapeau blanc orné d'un cercle rouge ?
2. Lorsqu'il est midi au Royaume-Uni, quelle heure est-il au Mexique ?
3. Dans quel pays se trouve le Grand Désert Victoria ?
4. Quel continent est le troisième plus grand du monde ?
5. Dans quel pays se trouve Brno ?
6. Quel est le lac le plus profond du monde ?
7. Quel est le plus petit pays d'Europe ?
8. Quel pays se trouve entre le Nicaragua et le Panamá ?
9. Dans quel pays paie-t-on avec une monnaie du nom de naira et kobo ?
10. Quelle est la capitale de la Turquie ?

Liens Internet

Voici un site ludique qui te permettra de tester tes connaissances géographiques.

Pour le lien vers ce site, connecte-toi à : **www.usborne-quicklinks.com/fr**

Leçon de survie

Serais-tu capable de te débrouiller dans les régions les plus inhospitalières du monde ? Tente ce test pour le découvrir.

1. Lequel des objets suivants te serait inutile pour un voyage dans l'Antarctique ?
a) Un bonnet et des gants chauds
b) Un parapluie
c) Des lunettes de soleil et de la crème solaire

2. Tu te trouves dans le Sahara et tu n'as plus d'eau à boire. Que fais-tu ?
a) Tu t'actives pour transpirer – la transpiration rafraîchit.
b) Tu mets des vêtements supplémentaires et tu te reposes autant que possible.
c) Tu parles et tu chantes pour rester alerte.

3. Lors d'un safari en Afrique, lesquelles de ces araignées dois-tu éviter ?
a) Les sicarius
b) Les latrodectes, ou veuves
c) Les araignées-violon

4. Au cours d'une randonnée dans les montagnes Rocheuses, tu rencontres un grizzli. Que dois-tu faire ?
a) Te coucher au sol et faire le mort.
b) Faire demi-tour et te sauver à toutes jambes.
c) Reculer lentement et calmement.

Grizzli dans les montagnes Rocheuses de l'Utah, aux États-Unis. Généralement, les grizzlis évitent les hommes, mais s'ils se sentent menacés, ils peuvent parfois attaquer.

RÉPERTOIRE DES PAYS

Ce répertoire, qui va de la page 112 à la page 125, regroupe les 193 États indépendants du monde, accompagnés d'une liste de données les concernant. La langue citée en premier à la ligne « langues principales » est la plus utilisée, même si ce n'est pas la langue officielle. De même, la religion citée en premier à la ligne « religions principales » est celle qui compte le plus d'adeptes. Chaque État possède un drapeau national, généralement utilisé pour le représenter à l'étranger. Quelques États ont également un drapeau d'État qu'ils utilisent parfois à la place. Les drapeaux d'État sont précédés d'un point.

Afghanistan

Albanie

Algérie

Andorre

Angola

Antigua-et-Barbuda

• Argentine

Arménie

Australie

Autriche

Azerbaïdjan

Bahamas

Bahreïn

Bangladesh

AFGHANISTAN (Asie)
Superficie : 647 500 km²
Population : 27 755 775
Capitale : Kaboul
Langues principales : dari, pachtou
Religion principale : islam
Gouvernement : de transition
Monnaie : 1 afghani = 100 puli

AFRIQUE DU SUD (Afrique) (drapeau p. 123)
Superficie : 1 219 912 km²
Population : 43 647 658
Capitales : Pretoria, Le Cap, Bloemfontein
Langues principales : zoulou, xhosa, afrikaans, pedi, anglais, tswana, sotho, tsonga, swati, venda, ndebele
Religions principales : christianisme, animisme
Gouvernement : république
Monnaie : 1 rand = 100 cents

ALBANIE (Europe)
Superficie : 28 750 km²
Population : 3 544 841
Capitale : Tirana
Langue principale : albanais
Religions principales : islam, christianisme orthodoxe albanais
Gouvernement : démocratie émergeante
Monnaie : 1 lek = 100 quintar

ALGÉRIE (Afrique)
Superficie : 2 381 740 km²
Population : 32 277 942
Capitale : Alger
Langues principales : arabe, français, dialectes berbères
Religion principale : islam sunnite
Gouvernement : république
Monnaie : 1 dinar algérien = 100 centimes

ALLEMAGNE (Europe) (drapeau p. 116)
Superficie : 357 021 km²
Population : 83 251 851
Capitale : Berlin
Langue principale : allemand
Religions principales : protestantisme, catholicisme
Gouvernement : république fédérale
Monnaie : 1 euro = 100 cents

ANDORRE (Europe)
Superficie : 468 km²
Population : 68 403
Capitale : Andorre-la-Vieille
Langues principales : catalan, espagnol
Religion principale : catholicisme
Gouvernement : démocratie parlementaire
Monnaie : 1 euro = 100 cents

ANGOLA (Afrique)
Superficie : 1 246 700 km²
Population : 10 593 171
Capitale : Luanda
Langues principales : kikongo, kimbundu, autres langues bantoues, portugais
Religions principales : animisme, catholicisme, protestantisme
Gouvernement : de transition
Monnaie : 1 kwanza = 100 lweis

ANTIGUA-ET-BARBUDA (Amérique centrale)
Superficie : 442 km²
Population : 67 448
Capitale : Saint John's
Langues principales : créole des Antilles, anglais
Religion principale : protestantisme
Gouvernement : monarchie constitutionnelle
Monnaie : 1 dollar des Caraïbes de l'Est = 100 cents

Barbade

Biélorussie

Belgique

Belize

Bénin

Bhoutan

• Bolivie

ARABIE SAOUDITE (Asie) (drapeau p. 122)
Superficie : 1 960 582 km²
Population : 23 513 330
Capitale : Riyad
Langue principale : arabe
Religion principale : islam
Gouvernement : monarchie
Monnaie : 1rial = 100 halalah

ARGENTINE (Amérique du Sud) (drapeau p. 112)
Superficie : 2 766 890 km²
Population : 37 812 817
Capitale : Buenos Aires
Langue principale : espagnol
Religion principale : catholicisme
Gouvernement : république
Monnaie : 1 peso = 100 centavos

ARMÉNIE (Asie) (drapeau p. 112)
Superficie : 29 800 km²
Population : 3 336 100
Capitale : Erevan
Langue principale : arménien
Religion principale : christianisme orthodoxe arménien
Gouvernement : république
Monnaie : 1 dram = 100 luma

AUSTRALIE (Océanie) (drapeau p. 112)
Superficie : 7 686 850 km²
Population : 19 546 792
Capitale : Canberra
Langue principale : anglais
Religion principale : christianisme
Gouvernement : monarchie fédérale démocratique
Monnaie : 1 dollar australien = 100 cents

AUTRICHE (Europe) (drapeau p. 112)
Superficie : 83 858 km²
Population : 8 169 929
Capitale : Vienne
Langue principale : allemand
Religion principale : christianisme
Gouvernement : république fédérale
Monnaie : 1 euro = 100 cents

AZERBAÏDJAN (Asie) (drapeau p. 112)
Superficie : 86 600 km²
Population : 7 798 497
Capitale : Bakou
Langue principale : azerbaïdjanais (azéri)
Religion principale : islam
Gouvernement : république
Monnaie : 1 manat azérie = 100 kepiks

BAHAMAS (Amérique centrale) (drapeau p. 112)
Superficie : 13 940 km²
Population : 300 529
Capitale : Nassau
Langues principales : créole des Bahamas, anglais
Religion principale : christianisme
Gouvernement : démocratie parlementaire
Monnaie : 1 dollar des Bahamas = 100 cents

BAHREÏN (Asie) (drapeau p. 112)
Superficie : 665 km²
Population : 656 397
Capitale : Manama
Langues principales : arabe, anglais
Religion principale : islam
Gouvernement : monarchie traditionnelle
Monnaie : 1 dinar du Bahreïn = 1 000 fils

BANGLADESH (Asie) (drapeau p. 112)
Superficie : 144 000 km²
Population : 133 376 684
Capitale : Dhaka
Langues principales : bengali, anglais
Religions principales : islam, hindouisme
Gouvernement : république
Monnaie : 1 taka = 100 paisa

BARBADE (Amérique centrale)
Superficie : 430 km²
Population : 276 607
Capitale : Bridgetown
Langue principale : anglais
Religion principale : christianisme
Gouvernement : démocratie parlementaire
Monnaie : 1 dollar de la Barbade = 100 cents

BELAU (Océanie) (drapeau p. 121)
Superficie : 459 km²
Population : 19 409
Capitale : Koror
Langues principales : paluan, anglais
Religions principales : christianisme, modekngeis
Gouvernement : république démocratique
Monnaie : 1 dollar des États-Unis = 100 cents

BELGIQUE (Europe)
Superficie : 30 510 km²
Population : 10 274 595
Capitale : Bruxelles
Langues principales : français, néerlandais
Religions principales : catholicisme, protestantisme
Gouvernement : monarchie constitutionnelle
Monnaie : 1 euro = 100 cents

BELIZE (Amérique centrale)
Superficie : 22 960 km²
Population : 262 999
Capitale : Belmopan
Langues principales : espagnol, créole de Belize, anglais, garifuna, maya
Religions principales : catholicisme, protestantisme
Gouvernement : démocratie parlementaire
Monnaie : 1 dollar de Belize = 100 cents

BÉNIN (Afrique)
Superficie : 112 620 km²
Population : 6 787 625
Capitale : Porto-Novo
Langues principales : fon, français, yoruba
Religions principales : animisme, islam, catholicisme
Gouvernement : république
Monnaie : 1 franc CFA* = 100 centimes

BHOUTAN (Asie)
Superficie : 47 000 km²
Population : 2 094 176
Capitale : Thimphou
Langues principales : dzongkha (tibétain), népalais
Religions principales : islam, hindouisme
Gouvernement : monarchie
Monnaie : 1 ngultrum = 100 chetrum

BIÉLORUSSIE (Europe)
Superficie : 207 600 km²
Population : 10 335 382
Capitale : Minsk
Langues principales : biélorusse, russe

Bosnie-Herzégovine

Botswana

Brésil

Brunei

Bulgarie

Burkina

Myanmar

*CFA = Communauté financière africaine

RÉPERTOIRE DES PAYS SUITE :

Burundi

Cambodge

Cameroun

Canada

Cap-Vert

Centrafricaine, République

Tchad

Religion principale : christianisme orthodoxe oriental
Gouvernement : république
Monnaie : 1 rouble biélorusse = 100 kopecks

BOLIVIE (Amérique du Sud) (drapeau p. 113)
Superficie : 1 098 580 km^2
Population : 8 445 134
Capitales : La Paz, Sucre
Langues principales : espagnol, quechua, aymara
Religion principale : catholicisme
Gouvernement : république
Monnaie : 1 boliviano = 100 centavos

BOSNIE-HERZÉGOVINE (Europe) (drapeau p. 113)
Superficie : 51 129 km^2
Population : 3 964 388
Capitale : Sarajevo
Langues principales : bosnien, serbe, croate
Religions principales : islam, christianisme orthodoxe, catholicisme
Gouvernement : démocratie fédérale émergeante
Monnaie : 1 mark bosniaque convertible = 100 fenings

BOTSWANA (Afrique) (drapeau p. 113)
Superficie : 600 372 km^2
Population : 1 591 232
Capitale : Gaborone
Langues principales : setswana, kalanga, anglais
Religions principales : animisme, catholicisme
Gouvernement : république parlementaire
Monnaie : 1 pula = 100 thebe

BRÉSIL (Amérique du Sud) (drapeau p. 113)
Superficie : 8 547 400 km^2
Population : 176 029 560
Capitale : Brasília
Langue principale : portugais
Religion principale : catholicisme
Gouvernement : république fédérale
Monnaie : 1 real = 100 centavos

BRUNEI (Asie) (drapeau p. 113)
Superficie : 5 770 km^2
Population : 350 898
Capitale : Bandar Seri Begawan
Langues principales : malais, anglais, chinois
Religions principales : islam, bouddhisme
Gouvernement : sultanat constitutionnel (un type de monarchie)
Monnaie : 1 dollar de Brunei = 100 cents

BULGARIE (Europe) (drapeau p. 113)
Superficie : 110 910 km^2
Population : 7 621 337
Capitale : Sofia
Langue principale : bulgare
Religions principales : christianisme orthodoxe bulgare, islam
Gouvernement : république
Monnaie : 1 lev = 100 stotinki

BURKINA (Afrique) (drapeau p. 113)
Superficie : 274 200 km^2
Population : 12 603 185
Capitale : Ouagadougou
Langues principales : moré, dioula, français
Religions principales : islam, animisme, catholicisme
Gouvernement : république
Monnaie : 1 franc CFA* = 100 centimes

BURUNDI (Afrique)
Superficie : 27 830 km^2
Population : 6 373 002
Capitale : Bujumbura
Langues principales : kirundi, français, swahili
Religions principales : catholicisme, animisme
Gouvernement : république
Monnaie : 1 franc burundais = 100 centimes

CAMBODGE (Asie)
Superficie : 181 040 km^2
Population : 12 775 324
Capitale : Phnom Penh
Langue principale : khmer
Religion principale : bouddhisme
Gouvernement : monarchie constitutionnelle
Monnaie : 1 nouveau riel = 100 sen

CAMEROUN (Afrique)
Superficie : 475 440 km^2
Population : 16 184 748
Capitale : Yaoundé
Langues principales : pidgin-english, ewondo, fula, français, anglais
Religions principales : animisme, christianisme, islam
Gouvernement : république
Monnaie : 1 franc CFA* = 100 centimes

CANADA (Amérique du Nord)
Superficie : 9 970 610 km^2
Population : 31 902 268
Capitale : Ottawa
Langues principales : anglais, français
Religions principales : catholicisme, protestantisme
Gouvernement : démocratie fédérale
Monnaie : 1 dollar canadien = 100 cents

CAP-VERT (ÎLES DU) (Afrique)
Superficie : 4 033 km^2
Population : 408 760
Capitale : Praia
Langues principales : créole*, portugais
Religions principales : catholicisme, protestantisme
Gouvernement : république
Monnaie : 1 escudo du Cap-Vert = 100 centavos

CENTRAFRICAINE, RÉPUBLIQUE (Afrique)
Superficie : 622 984 km^2
Population : 3 642 739
Capitale : Bangui
Langues principales : sango, français
Religions principales : animisme, christianisme, islam
Gouvernement : république
Monnaie : 1 franc CFA* = 100 centimes

CHILI (Amérique du Sud)
Superficie : 756 626 km^2
Population : 15 498 930
Capitale : Santiago
Langue principale : espagnol
Religions principales : catholicisme, protestantisme
Gouvernement : république
Monnaie : 1 peso chilien = 100 centavos

CHINE (Asie)
Superficie : 9 596 960 km^2
Population : 1 284 303 705
Capitale : Beijing (Pékin)
Langues principales : mandarin chinois, yue, wu
Religions principales : taoïsme, bouddhisme

Chili

Chine

Colombie

Comores

Congo

Congo, république démocratique du,

Costa Rica

*CFA = Communauté financière africaine ; créole = un mélange de portugais et de langues africaines indigènes

Croatie

Cuba

Chypre

Tchèque, République

Danemark

Djibouti

Dominique

Gouvernement : État communiste
Monnaie : 1 yuan = 10 jiao = 100 fen

CHYPRE (Europe)
Superficie : 9 250 km^2
Population : 767 314
Capitale : Nicosie
Langues principales : grec, turc
Religions principales : christianisme orthodoxe grec, islam
Gouvernement : république, avec une province turque indépendante auto-proclamée
Monnaie : province grecque : 1 livre chypriote = 100 cents ; province turque : 1 livre turque = 100 kurus

COLOMBIE (Amérique du Sud) (drapeau p. 114)
Superficie : 1 138 910 km^2
Population : 41 008 227
Capitale : Bogotá
Langue principale : espagnol
Religion principale : catholicisme
Gouvernement : république
Monnaie : 1 peso colombien = 100 centavos

COMORES (Afrique) (drapeau p. 114)
Superficie : 2 170 km^2
Population : 614 382
Capitale : Moroni
Langues principales : comorien*, français, arabe
Religion principale : islam sunnite
Gouvernement : république
Monnaie : 1 franc comorien = 100 centimes

CONGO (Afrique) (drapeau p. 114)
Superficie : 342 000 km^2
Population : 2 958 448
Capitale : Brazzaville
Langues principales : munukutuba, lingala, français
Religions principales : christianisme, animisme
Gouvernement : république
Monnaie : 1 franc CFA* = 100 centimes

CONGO, RÉPUBLIQUE DÉMOCRATIQUE DU (Afrique) (drapeau p. 114)
Superficie : 2 345 410 km^2
Population : 55 225 478
Capitale : Kinshasa
Langues principales : lingala, swahili, kikongo, tshiluba, français
Religions principales : catholicisme, protestantisme, animisme, islam
Gouvernement : de transition
Monnaie : 1 franc congolais = 100 centimes

CORÉE DU NORD (Asie) (drapeau p. 121)
Superficie : 120 540 km^2
Population : 22 224 195
Capitale : Pyongyang
Langue principale : coréen
Religions principales : bouddhisme, confucianisme
Gouvernement : socialisme autoritaire
Monnaie : 1 won nord-coréen = 100 chon

CORÉE DU SUD (Asie) (drapeau p. 123)
Superficie : 98 480 km^2
Population : 48 324 000
Capitale : Séoul
Langue principale : coréen
Religions principales : christianisme, bouddhisme
Gouvernement : république
Monnaie : 1 won sud-coréen = 100 chon

COSTA RICA (Amérique centrale) (drapeau p. 114)
Superficie : 51 100 km^2
Population : 3 834 934
Capitale : San José
Langue principale : espagnol
Religions principales : catholicisme, évangélisme
Gouvernement : république démocratique
Monnaie : 1 colon du Costa Rica = 100 centimos

CÔTE-D'IVOIRE (Afrique) (drapeau p. 118)
Superficie : 322 460 km^2
Population : 16 804 784
Capitale : Yamoussoukro
Langues principales : baoulé, dioula, français
Religions principales : christianisme, islam, animisme
Gouvernement : république
Monnaie : 1 franc CFA* = 100 centimes

CROATIE (Europe)
Superficie : 56 538 km^2
Population : 4 390 751
Capitale : Zagreb
Langue principale : croate
Religions principales : catholicisme, christianisme orthodoxe
Gouvernement : démocratie parlementaire
Monnaie : 1 kuna = 100 lipas

CUBA (Amérique centrale)
Superficie : 110 860 km^2
Population : 11 224 321
Capitale : La Havane
Langue principale : espagnol
Religion principale : catholicisme
Gouvernement : État communiste
Monnaie : 1 peso cubain = 100 centavos

DANEMARK (Europe)
Superficie : 43 094 km^2
Population : 5 368 854
Capitale : Copenhague
Langue principale : danois
Religion principale : évangélisme luthérien
Gouvernement : monarchie constitutionnelle
Monnaie : 1 couronne danoise = 100 öres

DJIBOUTI (Afrique)
Superficie : 23 200 km^2
Population : 472 810
Capitale : Djibouti
Langues principales : afar, somali, arabe, français
Religion principale : islam
Gouvernement : république
Monnaie : 1 franc de Djibouti = 100 centimes

DOMINICAINE, RÉPUBLIQUE (Amérique centrale)
Superficie : 48 730 km^2
Population : 8 721 594
Capitale : Saint-Domingue
Langue principale : espagnol
Religion principale : catholicisme
Gouvernement : république démocratique
Monnaie : 1 peso dominicain = 100 centavos

DOMINIQUE (Amérique centrale)
Superficie : 751 km^2
Population : 70 158
Capitale : Roseau
Langues principales : anglais, patois français

• Dominicaine, République

Timor-Oriental

• Équateur

Égypte

• Salvador

Guinée-Équatoriale

Érythrée

*CFA = Communauté financière africaine ;
comorien = un mélange de swahili et d'arabe

RÉPERTOIRE DES PAYS SUITE :

Estonie

Éthiopie

Micronésie

Fidji

Finlande

France

Gabon

Religions principales : catholicisme, protestantisme
Gouvernement : république démocratique
Monnaie : 1 dollar des Caraïbes de l'Est = 100 cents

ÉGYPTE (Afrique) (drapeau p. 115)
Superficie : 1 001 450 km^2
Population : 70 712 345
Capitale : Le Caire
Langue principale : arabe
Religion principale : islam sunnite
Gouvernement : république
Monnaie : 1 livre égyptienne = 100 piastres

ÉMIRATS ARABES UNIS (Asie) (drapeau p. 125)
Superficie : 82 880 km^2
Population : 2 445 989
Capitale : Abou Dabi
Langues principales : arabe, anglais
Religion principale : islam
Gouvernement : fédération
Monnaie : 1 dirham des Émirats arabes unis = 100 fils

ÉQUATEUR (Amérique du Sud) (drapeau p. 115)
Superficie : 283 560 km^2
Population : 13 447 494
Capitale : Quito
Langues principales : espagnol, quechua
Religion principale : catholicisme
Gouvernement : république
Monnaie : 1 dollar des États-Unis = 100 cents

ÉRYTHRÉE (Afrique) (drapeau p. 115)
Superficie : 121 320 km^2
Population : 4 465 651
Capitale : Asmara
Langues principales : tigrinya, afar, arabe
Religions principales : islam, christianisme copte, catholicisme, protestantisme
Gouvernement : de transition
Monnaie : 1 nakfa = 100 cents

ESPAGNE (Europe) (drapeau p. 123)
Superficie :504 782 km^2
Population : 40 077 100
Capitale : Madrid
Langues principales : espagnol castillan, catalan
Religion principale : catholicisme
Gouvernement : monarchie constitutionnelle
Monnaie : 1 euro = 100 cents

ESTONIE (Europe)
Superficie : 45 226 km^2
Population : 1 415 681
Capitale : Tallinn
Langues principales : estonien, russe
Religions principales : évangélisme luthérien, christianisme orthodoxe russe et estonien, autres religions chrétiennes
Gouvernement : démocratie parlementaire
Monnaie : 1 couronne estonienne = 100 senti

ÉTATS-UNIS D'AMÉRIQUE (Amérique du Nord) (drapeau p. 125)
Superficie : 9 629 091 km^2
Population : 280 562 489
Capitale : Washington D.C.
Langue principale : anglais
Religions principales : protestantisme, catholicisme
Gouvernement : république fédérale
Monnaie : 1 dollar des États-Unis = 100 cents

ÉTHIOPIE (Afrique)
Superficie : 1 127 127 km^2
Population : 67 673 031
Capitale : Addis-Abeba
Langues principales : amharic, tigrinya, arabe
Religions principales : islam, christianisme orthodoxe éthiopien, animisme
Gouvernement : république fédérale
Monnaie : 1birr éthiopien = 100 cents

FIDJI (ÎLES) (Océanie)
Superficie : 18 270 km^2
Population : 856 346
Capitale : Suva
Langues principales : fidjien, hindoustani, anglais
Religions principales : christianisme, hindouisme
Gouvernement : république
Monnaie : 1 dollar des Fidji = 100 cents

FINLANDE (Europe)
Superficie : 337 030 km^2
Population : 5 183 545
Capitale : Helsinki
Langue principale : finnois
Religion principale : évangélisme luthérien
Gouvernement : république
Monnaie : 1 euro = 100 cents

FRANCE (Europe)
Superficie : 547 030 km^2
Population : 59 765 983
Capitale : Paris
Langue principale : français
Religion principale : catholicisme
Gouvernement : république
Monnaie : 1 euro = 100 cents

GABON (Afrique)
Superficie : 267 670 km^2
Population : 1 233 353
Capitale : Libreville
Langues principales : fang, myéné, français
Religions principales : christianisme, animisme
Gouvernement : république
Monnaie : 1 franc CFA* = 100 centimes

GAMBIE (Afrique)
Superficie : 11 300 km^2
Population : 1 455 842
Capitale : Banjul
Langues principales : mandingue, fula, wolof, anglais
Religion principale : islam
Gouvernement : république démocratique
Monnaie : 1 dalasi = 100 butut

GÉORGIE (Asie)
Superficie : 69 700 km^2
Population : 4 960 951
Capitale : Tbilissi
Langues principales : géorgien, russe
Religions principales : christianisme orthodoxe géorgien et russe, islam
Gouvernement : république
Monnaie : 1 lari = 100 tetri

GHANA (Afrique)
Superficie : 239 460 km^2
Population : 20 244 154
Capitale : Accra
Langues principales : twi, fante, ga, hausa, dagbani, ewé, nzemi, anglais

Gambie

Géorgie

Allemagne

Ghana

Grèce

Grenade

Guatemala

*CFA = Communauté financière africaine

Guinée

Guinée-Bissau

Guyana

• Haïti

Honduras

Hongrie

Islande

Religions principales : animisme, islam, christianisme
Gouvernement : république démocratique
Monnaie : 1 cedi = 100 pesewas

GRÈCE (Europe) (drapeau p. 116)
Superficie : 131 940 km²
Population : 10 645 343
Capitale : Athènes
Langue principale : grec
Religion principale : christianisme orthodoxe grec
Gouvernement : république parlementaire
Monnaie : 1 euro = 100 cents

GRENADE (Amérique centrale) (drapeau p. 116)
Superficie : 340 km²
Population : 89 211
Capitale : Saint-Georges
Langues principales : anglais, patois français
Religions principales : catholicisme, protestantisme
Gouvernement : monarchie constitutionnelle
Monnaie : 1 dollar des Caraïbes de l'Est = 100 cents

GUATEMALA (Amérique centrale) (drapeau p. 116)
Superficie : 108 890 km²
Population : 13 314 079
Capitale : Guatemala
Langues principales : espagnol, langues amérindiennes dont quiché, kekchi, cakchiquel, mam
Religions principales : catholicisme, protestantisme, croyances indigènes mayas
Gouvernement : république démocratique
Monnaie : 1 quetzal = 100 centavos

GUINÉE (Afrique)
Superficie : 245 860 km²
Population : 7 775 065
Capitale : Conakry
Langues principales : fuuta jalon, mallinke, susu, français
Religion principale : islam
Gouvernement : république
Monnaie : 1 franc guinéen = 100 centimes

GUINÉE-BISSAU (Afrique)
Superficie : 36 120 km²
Population : 1 345 479
Capitale : Bissau
Langues principales : créole*, balante, pulaar, mandjak, mandinka, portugais
Religions principales : animisme, islam
Gouvernement : république
Monnaie : 1 franc CFA* = 100 centimes

GUINÉE-ÉQUATORIALE (Afrique) (drapeau p. 115)
Superficie : 28 050 km²
Population : 498 144
Capitale : Malabo
Langues principales : fang, bubi, autres langues bantoues, espagnol, français, pidgin-english
Religion principale : christianisme
Gouvernement : république
Monnaie : 1 franc CFA* = 100 centimes

GUYANA (Amérique du Sud)
Superficie : 214 970 km²
Population : 698 209
Capitale : Georgetown
Langues principales : créole guyanais, anglais, langues amérindiennes, hindi des Caraïbes
Religions principales : christianisme, hindouisme
Gouvernement : république
Monnaie : 1 dollar de Guyana = 100 cents

HAÏTI (Amérique centrale)
Superficie : 27 750 km²
Population : 7 063 722
Capitale : Port-au-Prince
Langues principales : créole haïtien, français
Religions principales : catholicisme, protestantisme, vaudou
Gouvernement : république
Monnaie : 1 gourde = 100 centimes

HONDURAS (Amérique centrale)
Superficie : 112 090 km²
Population : 6 560 608
Capitale : Tegucigalpa
Langue principale : espagnol
Religion principale : catholicisme
Gouvernement : république
Monnaie : 1 lempira = 100 centavos

HONGRIE (Europe)
Superficie : 93 030 km²
Population : 10 075 034
Capitale : Budapest
Langue principale : hongrois
Religions principales : catholicisme, calvinisme
Gouvernement : démocratie parlementaire
Monnaie : 1 forint = 100 filler

INDE (Asie)
Superficie : 3 287 590 km²
Population : 1 045 845 226
Capitale : New Delhi
Langues principales : hindi, anglais, bengali, ourdou, plus de 1 600 autres langues et dialectes
Religions principales : hindouisme, islam
Gouvernement : république fédérale
Monnaie : 1 roupie indienne = 100 paisa

INDONÉSIE (Asie)
Superficie : 1 919 440 km²
Population : 231 328 092
Capitale : Jakarta
Langues principales : bahasa indonésien, anglais, néerlandais, javanais
Religion principale : islam
Gouvernement : république
Monnaie : 1 rupiah indonésienne = 100 sen

IRAK (Asie)
Superficie : 437 072 km²
Population : 24 001 816
Capitale : Bagdad
Langues principales : arabe, kurde
Religion principale : islam
Gouvernement : régime en transition
Monnaie : 1 dinar irakien = 1 000 fils

IRAN (Asie)
Superficie : 1 648 000 km²
Population : 66 622 704
Capitale : Téhéran
Langues principales : farsi et autres dialectes perses, azéri
Religions principales : islam shiite, islam sunnite
Gouvernement : république islamique
Monnaie : 10 rials iraniens = 1 toman

Inde

Indonésie

Iran

Irak

Irlande

Israël

Italie

*CFA = Communauté financière africaine ; créole = un mélange de portugais et de langues africaines indigènes

RÉPERTOIRE DES PAYS SUITE :

Côte-d'Ivoire

Jamaïque

Japon

Jordanie

Kazakhstan

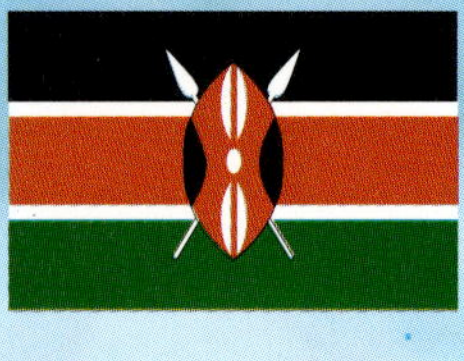
Kenya

Kiribati

IRLANDE (Europe) (drapeau p. 117)
Superficie : 70 280 km²
Population : 3 883 159
Capitale : Dublin
Langues principales : anglais, irlandais (gaélique)
Religion principale : catholicisme
Gouvernement : république
Monnaie : 1 euro = 100 cents

ISLANDE (Europe) (drapeau p. 117)
Superficie : 103 000 km²
Population : 279 384
Capitale : Reykjavik
Langue principale : islandais
Religion principale : évangélisme luthérien
Gouvernement : république
Monnaie : 1 couronne islandaise = 100 aurar (sing. eyrir)

ISRAËL (Asie) (drapeau p. 117)
Superficie : 20 770 km²
Population : 6 029 529
Capitale : Jérusalem
Langues principales : hébreu, arabe
Religions principales : judaïsme, islam
Gouvernement : démocratie parlementaire
Monnaie : 1 nouveau sheqel (shekel) = 100 agorots

ITALIE (Europe) (drapeau p. 117)
Superficie : 301 203 km²
Population : 57 715 625
Capitale : Rome
Langue principale : italien
Religion principale : catholicisme
Gouvernement : république
Monnaie : 1 euro = 100 cents

JAMAÏQUE (Amérique centrale)
Superficie : 10 990 km²
Population : 2 680 029
Capitale : Kingston
Langues principales : créole des Caraïbes du Sud-Ouest, anglais
Religion principale : protestantisme
Gouvernement : démocratie parlementaire
Monnaie : 1 dollar jamaïcain = 100 cents

JAPON (Asie)
Superficie : 377 835 km²
Population : 126 974 628
Capitale : Tokyo
Langue principale : japonais
Religions principales : shintoïsme, bouddhisme
Gouvernement : monarchie constitutionnelle
Monnaie : 1 yen = 100 sen

JORDANIE (Asie)
Superficie : 92 300 km²
Population : 5 307 470
Capitale : Amman
Langues principales : arabe, anglais
Religion principale : islam sunnite
Gouvernement : monarchie constitutionnelle
Monnaie : 1 dinar jordanien = 1 000 fils

KAZAKHSTAN (Asie)
Superficie : 2 717 300 km²
Population : 16 741 519
Capitale : Astana
Langues principales : kazakh, russe
Religions principales : islam, christianisme orthodoxe russe
Gouvernement : république
Monnaie : 1 tenge = 100 tiyine

KENYA (Afrique)
Superficie : 582 650 km²
Population : 31 138 735
Capitale : Nairobi
Langues principales : swahili, anglais, langues bantoues
Religions principales : christianisme, animisme
Gouvernement : république
Monnaie : 1 shilling kenyan = 100 cents

KIRGHIZISTAN (Asie)
Superficie : 198 500 km²
Population : 4 822 166
Capitale : Bichkek
Langues principales : kirghiz, russe
Religions principales : islam, christianisme orthodoxe russe
Gouvernement : république
Monnaie : 1 som kirghize = 100 tiyine

KIRIBATI (ÎLES) (Océanie)
Superficie : 811 km²
Population : 96 335
Capitale : Bairiki (sur l'île de Tarawa)
Langues principales : gilbertain, anglais
Religions principales : catholicisme, protestantisme
Gouvernement : république
Monnaie : 1 dollar australien = 100 cents

KOWEÏT (Asie)
Superficie : 17 820 km²
Population : 2 111 561
Capitale : Koweït
Langues principales : arabe, anglais
Religion principale : islam
Gouvernement : monarchie
Monnaie : 1 dinar koweïtien = 1 000 fils

LAOS (Asie)
Superficie : 236 800 km²
Population : 5 777 180
Capitale : Vientiane
Langues principales : laotien, français, anglais
Religions principales : bouddhisme, animisme
Gouvernement : État communiste
Monnaie : 1 nouveau kip = 100 ats

LESOTHO (Afrique)
Superficie : 30 350 km²
Population : 2 207 954
Capitale : Maseru
Langues principales : sesotho, anglais, zoulou, xhosa
Religions principales : christianisme, animisme
Gouvernement : monarchie constitutionnelle
Monnaie : 1 loti = 100 lisente

LETTONIE (Europe)
Superficie : 64 589 km²
Population : 2 366 515
Capitale : Riga
Langues principales : letton, russe
Religions principales : protestantisme luthérien, catholicisme, christianisme orthodoxe russe
Gouvernement : démocratie parlementaire
Monnaie : 1 lats = 100 santimi

Koweït

Kirghizistan

Laos

Lettonie

Liban

Lesotho

Liberia

Libye

Liechtenstein

Lituanie

Luxembourg

Macédoine

Madagascar

Malawi

LIBAN (Asie) (drapeau p. 118)
Superficie : 10 400 km²
Population : 3 677 780
Capitale : Beyrouth
Langues principales : arabe, français, anglais
Religions principales : islam, christianisme
Gouvernement : république
Monnaie : 1 livre libanaise = 100 piastres

LIBERIA (Afrique) (drapeau p. 118)
Superficie : 111 370 km²
Population : 3 288 198
Capitale : Monrovia
Langues principales : kpelle, anglais, bassa
Religions principales : animisme, christianisme, islam
Gouvernement : république
Monnaie : 1 dollar libérien = 100 cents

LIBYE (Afrique)
Superficie : 1 759 540 km²
Population : 5 368 585
Capitale : Tripoli
Langues principales : arabe, italien, anglais
Religion principale : islam sunnite
Gouvernement : dictature militaire
Monnaie : 1 dinar libyen = 1 000 dirhams

LIECHTENSTEIN (Europe)
Superficie : 160 km²
Population : 32 842
Capitale : Vaduz
Langues principales : allemand, alémanique
Religion principale : catholicisme
Gouvernement : monarchie constitutionnelle
Monnaie : 1 franc suisse = 100 centimes

LITUANIE (Europe)
Superficie : 65 200 km²
Population : 3 601 138
Capitale : Vilnius
Langues principales : lituanien, polonais, russe
Religions principales : catholicisme, luthéranisme, christianisme orthodoxe russe
Gouvernement : démocratie
Monnaie : 1 litas lituanien = 100 centas

LUXEMBOURG (Europe)
Superficie : 2 586 km²
Population : 448 569
Capitale : Luxembourg
Langues principales : luxembourgeois, allemand, français
Religion principale : catholicisme
Gouvernement : monarchie constitutionnelle
Monnaie : 1 euro = 100 cents

MACÉDOINE (Europe)
Superficie : 25 333 km²
Population : 2 054 800
Capitale : Skopje
Langues principales : macédonien, albanais
Religions principales : christianisme orthodoxe macédonien, islam
Gouvernement : démocratie émergeante
Monnaie : 1 denar macédonien = 100 deni

MADAGASCAR (Afrique)
Superficie : 587 040 km²
Population : 16 473 477
Capitale : Antananarivo
Langues principales : malgache, français
Religions principales : animisme, christianisme
Gouvernement : république
Monnaie : 1 franc malgache = 100 centimes

MALAISIE (Asie)
Superficie : 329 750 km²
Population : 22 662 365
Capitale : Kuala Lumpur
Langues principales : bahasa malais, anglais, dialectes chinois, tamoul
Religions principales : islam, bouddhisme, taoïsme
Gouvernement : monarchie constitutionnelle
Monnaie : 1 ringgit = 100 sen

MALAWI (Afrique)
Superficie : 118 480 km²
Population : 10 701 824
Capitale : Lilongwe
Langues principales : chichewa, anglais
Religions principales : protestantisme, catholicisme, islam
Gouvernement : démocratie parlementaire
Monnaie : 1 kwacha du Malawi = 100 tambala

MALDIVES (ÎLES) (Asie)
Superficie : 300 km²
Population : 320 165
Capitale : Malé
Langues principales : maldivien, anglais
Religion principale : islam sunnite
Gouvernement : république
Monnaie : 1 rufiyaa = 100 laari

MALI (Afrique)
Superficie : 1 240 000 km²
Population : 11 340 480
Capitale : Bamako
Langues principales : bambara, fulani, songhai, français
Religion principale : islam
Gouvernement : république
Monnaie : 1 franc CFA* = 100 centimes

MALTE (ÎLE DE) (Europe)
Superficie : 316 km²
Population : 397 499
Capitale : La Valette
Langues principales : maltais, anglais
Religion principale : catholicisme
Gouvernement : république démocratique
Monnaie : 1 lire maltaise = 100 cents

MAROC (Afrique) (drapeau p. 120)
Superficie : 446 550 km²
Population : 31 167 783
Capitale : Rabat
Langues principales : arabe, berbère, français
Religion principale : islam
Gouvernement : monarchie constitutionnelle
Monnaie : 1 dirham marocain = 100 centimes

MARSHALL (ÎLES) (Océanie)
Superficie : 181 km²
Population : 73 630
Capitale : Majuro
Langues principales : marshallais, anglais
Religion principale : protestantisme
Gouvernement : république
Monnaie : 1 dollar des États-Unis = 100 cents

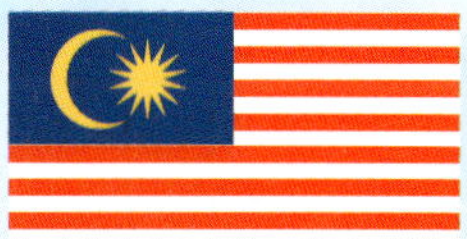

Malaisie

Maldives

Mali

Malte

Marshall (îles)

Mauritanie

Maurice (île)

*CFA = Communauté financière africaine

RÉPERTOIRE DES PAYS SUITE :

Mexique

Moldavie

Monaco

Mongolie

Maroc

Mozambique

Namibie

MAURICE (ÎLE) (Afrique) (drapeau p. 119)
Superficie : 2 040 km^2
Population : 1 200 206
Capitale : Port-Louis
Langues principales : créole mauricien, français, hindi, bhojpuri, ourdou, tamoul, anglais
Religions principales : hindouisme, christianisme
Gouvernement : démocratie parlementaire
Monnaie : 1 roupie mauricienne = 100 cents

MAURITANIE (Afrique) (drapeau p. 119)
Superficie : 1 030 700 km^2
Population : 2 828 858
Capitale : Nouakchott
Langues principales : arabe, wolof, français
Religion principale : islam
Gouvernement : république
Monnaie : 1 ouguiya = 5 khoums

MEXIQUE (Amérique centrale)
Superficie : 1 972 550 km^2
Population : 103 400 165
Capitale : Mexico
Langues principales : espagnol, maya, nahuatl
Religion principale : catholicisme
Gouvernement : république fédérale
Monnaie : 1 nouveau peso mexicain = 100 centavos

MICRONÉSIE (ÉTATS FÉDÉRÉS DE) (Océanie) (drapeau p. 116)
Superficie : 702 km^2
Population : 135 869
Capitale : Palikir
Langues principales : chuuk, ponapean, anglais
Religions principales : catholicisme, protestantisme
Gouvernement : démocratie
Monnaie : 1 dollar des États-Unis = 100 cents

MOLDAVIE (Europe)
Superficie : 33 843 km^2
Population : 4 434 547
Capitale : Chisinau
Langues principales : moldave, russe, gagaouze
Religion principale : christianisme orthodoxe oriental
Gouvernement : république
Monnaie : 1 leu moldave = 100 bani

MONACO (PRINCIPAUTÉ DE) (Europe)
Superficie : 1,95 km^2
Population : 31 987
Capitale : Monaco
Langues principales : français, monégasque, italien
Religion principale : catholicisme
Gouvernement : monarchie constitutionnelle
Monnaie : 1 euro = 100 cents

MONGOLIE (Asie)
Superficie : 1 565 000 km^2
Population : 2 694 432
Capitale : Oulan-Bator
Langue principale : khalka mongol
Religion principale : bouddhisme tibétain (lamaïsme)
Gouvernement : république
Monnaie : 1 tugrik = 100 mongos

MOZAMBIQUE (Afrique)
Superficie : 801 590 km^2
Population : 19 607 519
Capitale : Maputo
Langues principales : makua, tsonga, portugais
Religions principales : animisme, christianisme, islam
Gouvernement : république
Monnaie : 1 metical = 100 centavos

MYANMAR (BIRMANIE) (Asie) (drapeau p. 113)
Superficie : 678 500 km^2
Population : 42 238 224
Capitale : Rangoun
Langue principale : birman (ou myanmar)
Religion principale : bouddhisme
Gouvernement : dictature militaire
Monnaie : 1 kyat = 100 pyas

NAMIBIE (Afrique)
Superficie : 825 418 km^2
Population : 1 820 916
Capitale : Windhoek
Langues principales : afrikaans, allemand, anglais
Religions principales : christianisme, animisme
Gouvernement : république
Monnaie : 1 dollar de Namibie (ou rand sud-africain) = 100 cents

NAURU (Océanie)
Superficie : 21 km^2
Population : 12 329
Capitale : Yaren
Langues principales : nauruan, anglais
Religion principale : christianisme
Gouvernement : république
Monnaie : 1 dollar australien = 100 cents

NÉPAL (Asie)
Superficie : 140 800 km^2
Population : 25 873 917
Capitale : Katmandou
Langues principales : népali, maithili
Religions principales : hindouisme, bouddhisme
Gouvernement : monarchie constitutionnelle
Monnaie : 1 roupie népalaise = 100 paisa

NICARAGUA (Amérique centrale)
Superficie : 129 494 km^2
Population : 5 023 818
Capitale : Managua
Langue principale : espagnol
Religion principale : catholicisme
Gouvernement : république
Monnaie : 1 cordoba oro = 100 centavos

NIGER (Afrique)
Superficie : 1 267 000 km^2
Population : 10 639 744
Capitale : Niamey
Langues principales : haoussa, djerma, français
Religion principale : islam
Gouvernement : république
Monnaie : 1 franc CFA* = 100 centimes

NIGERIA (Afrique)
Superficie : 923 768 km^2
Population : 129 934 911
Capitale : Abuja
Langues principales : haoussa, yoruba, igbo, anglais
Religions principales : islam, christianisme, animisme
Gouvernement : république
Monnaie : 1 naira = 100 kobos

Nauru

Népal

Pays-Bas

Nouvelle-Zélande

Nicaragua

Niger

Nigeria

*CFA = Communauté financière africaine

Corée du Nord

Norvège

Oman

Pakistan

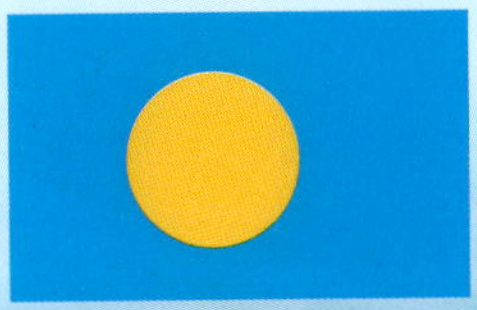

Belau

Panamá

Papouasie-Nouvelle-Guinée

NORVÈGE (Europe)
Superficie : 324 220 km²
Population : 4 525 116
Capitale : Oslo
Langue principale : norvégien
Religion principale : christianisme luthérien évangélique
Gouvernement : monarchie constitutionnelle
Monnaie : 1 couronne norvégienne = 100 öre

NOUVELLE-ZÉLANDE (Océanie) (drapeau p. 120)
Superficie : 268 680 km²
Population : 3 908 037
Capitale : Wellington
Langues principales : anglais, maori
Religion principale : christianisme
Gouvernement : démocratie parlementaire
Monnaie : 1 dollar néo-zélandais = 100 cents

OMAN (Asie)
Superficie : 212 460 km²
Population : 2 713 462
Capitale : Mascate
Langues principales : arabe, anglais, baloutche
Religion principale : islam
Gouvernement : monarchie
Monnaie : 1 rial d'Oman = 1 000 baiza

OUGANDA (Afrique) (drapeau p. 124)
Superficie : 236 040 km²
Population : 24 699 073
Capitale : Kampala
Langues principales : luganda, anglais, swahili
Religions principales : christianisme, islam, animisme
Gouvernement : république
Monnaie : 1 shilling ougandais = 100 cents

OUZBÉKISTAN (Asie) (drapeau p. 125)
Superficie : 447 400 km²
Population : 25 563 441
Capitale : Tachkent
Langues principales : ouzbek, russe
Religions principales : islam, christianisme orthodoxe oriental
Gouvernement : république
Monnaie : 1 soum d'Ouzbékistan = 100 tiin

PAKISTAN (Asie)
Superficie : 803 940 km²
Population : 147 663 429
Capitale : Islamabad
Langues principales : pendjabi, sindhi, ourdou, anglais
Religion principale : islam
Gouvernement : république fédérale
Monnaie : 1 roupie pakistanaise = 100 paisa

PANAMÁ (Amérique centrale)
Superficie : 78 200 km²
Population : 2 882 329
Capitale : Panamá
Langues principales : espagnol, anglais
Religions principales : catholicisme, protestantisme
Gouvernement : démocratie
Monnaie : 1 balboa = 100 centesimos

PAPOUASIE-NOUVELLE-GUINÉE (Océanie)
Superficie : 462 840 km²
Population : 5 172 033
Capitale : Port Moresby
Langues principales : pidgin, motu, anglais
Religions principales : christianisme, animisme
Gouvernement : démocratie parlementaire
Monnaie : 1 kina = 100 tosa

PARAGUAY (Amérique centrale)
Superficie : 406 750 km²
Population : 5 884 491
Capitale : Asunción
Langues principales : guarani, espagnol
Religion principale : catholicisme
Gouvernement : république
Monnaie : 1 guarani = 100 centimos

PAYS-BAS (Europe) (drapeau p. 120)
Superficie : 41 532 km²
Population : 16 067 754
Capitales : Amsterdam, La Haye
Langue principale : néerlandais
Religion principale : christianisme
Gouvernement : monarchie constitutionnelle
Monnaie : 1 euro = 100 cents

PÉROU (Amérique du Sud)
Superficie : 1 285 220 km²
Population : 27 949 639
Capitale : Lima
Langues principales : espagnol, quechua, aymara
Religion principale : catholicisme
Gouvernement : république
Monnaie : 1 nouveau sol = 100 centimos

PHILIPPINES (Asie)
Superficie : 300 000 km²
Population : 84 525 639
Capitale : Manille
Langues principales : tagalog, anglais, ilocano
Religion principale : catholicisme
Gouvernement : république
Monnaie : 1 peso philippin = 100 centavos

POLOGNE (Europe)
Superficie : 312 685 km²
Population : 38 625 478
Capitale : Varsovie
Langue principale : polonais
Religion principale : catholicisme
Gouvernement : république démocratique
Monnaie : 1 zloty = 100 groszy

PORTUGAL (Europe)
Superficie : 92 391 km²
Population : 10 084 245
Capitale : Lisbonne
Langue principale : portugais
Religion principale : catholicisme
Gouvernement : république démocratique
Monnaie : 1 euro = 100 cents

QATAR (Asie)
Superficie : 11 437 km²
Population : 793 341
Capitale : Doha
Langues principales : arabe, anglais
Religion principale : islam
Gouvernement : monarchie
Monnaie : 1 rial du Qatar = 100 dirhams

ROUMANIE (Europe)
Superficie : 237 500 km²
Population : 22 317 730
Capitale : Bucarest

Paraguay

• Pérou

Philippines

Pologne

Portugal

Qatar

Roumanie

RÉPERTOIRE DES PAYS SUITE :

Russie, Fédération de

Rwanda

Saint-Christophe-et-Niévès

Sainte-Lucie

Saint-Vincent-et-les-Grenadines

Samoa

• Saint-Marin

Langues principales : roumain, hongrois, allemand
Religion principale : christianisme orthodoxe roumain
Gouvernement : république
Monnaie : 1 leu = 100 bani

ROYAUME-UNI (Europe) (drapeau p. 125)
Superficie : 244 820 km^2
Population : 59 778 002
Capitale : Londres
Langue principale : anglais
Religions principales : anglicanisme, catholicisme
Gouvernement : monarchie constitutionnelle
Monnaie : 1 livre sterling = 100 pence

RUSSIE, FÉDÉRATION DE, (Europe et Asie)
Superficie : 17 075 200 km^2
Population : 144 978 573
Capitale : Moscou
Langue principale : russe
Religions principales : christianisme orthodoxe russe, islam
Gouvernement : gouvernement fédéral
Monnaie : 1 rouble = 100 kopeks

RWANDA (Afrique)
Superficie : 26 338 km^2
Population : 7 398 074
Capitale : Kigali
Langues principales : kinyarwanda, français, anglais, swahili
Religions principales : catholicisme, protestantisme, église adventiste
Gouvernement : de transition
Monnaie : 1 franc rwandais = 100 centimes

SAINT-CHRISTOPHE-ET-NIÉVÈS (Amérique centrale)
Superficie : 261 km^2
Population : 38 736
Capitale : Basseterre
Langues principales : anglais, créole*
Religions principales : protestantisme, catholicisme
Gouvernement : monarchie constitutionnelle
Monnaie : 1 dollar des Caraïbes de l'Est = 100 cents

SAINTE-LUCIE (Amérique centrale)
Superficie : 620 km^2
Population : 160 145
Capitale : Castries
Langues principales : créole*, anglais
Religion principale : catholicisme
Gouvernement : démocratie parlementaire
Monnaie : 1 dollar des Caraïbes de l'Est = 100 cents

SAINT-MARIN (Europe)
Superficie : 61 km^2
Population : 27 730
Capitale : Saint-Marin
Langue principale : italien
Religion principale : catholicisme
Gouvernement : république
Monnaie : 1 euro = 100 cents

SAINT-VINCENT-ET-LES-GRENADINES (Amérique centrale)
Superficie : 389 km^2
Population : 116 394
Capitale : Kingstown
Langues principales : anglais, créole*
Religions principales : protestantisme, catholicisme
Gouvernement : démocratie parlementaire
Monnaie : 1 dollar des Caraïbes de l'Est = 100 cents

SALOMON (ÎLES) (Océanie) (drapeau p. 123)
Superficie : 28 450 km^2
Population : 494 786
Capitale : Honiara
Langues principales : pidgin des îles Salomon, kwara'ae, to'abaita, anglais
Religion principale : christianisme
Gouvernement : démocratie parlementaire
Monnaie : 1 dollar des îles Salomon = 100 cents

SALVADOR (Amérique centrale) (drapeau p. 115)
Superficie : 21 040 km^2
Population : 6 353 681
Capitale : San Salvador
Langue principale : espagnol
Religion principale : catholicisme
Gouvernement : république
Monnaie : 1 colon du Salvador = 100 centavos

SAMOA (Océanie)
Superficie : 2 860 km^2
Population : 178 631
Capitale : Apia
Langues principales : samoan, anglais
Religion principale : christianisme
Gouvernement : monarchie constitutionnelle
Monnaie : 1 tala = 100 sene

SÃO TOMÉ ET PRÍNCIPE (Afrique)
Superficie : 1 001 km^2
Population : 170 372
Capitale : São Tomé
Langues principales : dialectes créoles*, portugais
Religion principale : christianisme
Gouvernement : république
Monnaie : 1 dobra = 100 centavos

SÉNÉGAL (Afrique)
Superficie : 196 190 km^2
Population : 10 589 571
Capitale : Dakar
Langues principales : wolof (ouolof), français, peule
Religion principale : islam
Gouvernement : république démocratique
Monnaie : 1 franc CFA* = 100 centimes

SERBIE ET MONTÉNÉGRO (Europe)
Superficie : 102 350 km^2
Population : 10 656 929
Capitale : Belgrade
Langue principale : serbe
Religions principales : christianisme orthodoxe, islam
Gouvernement : république
Monnaie : 1 nouveau dinar = 100 paras

SEYCHELLES (Afrique)
Superficie : 455 km^2
Population : 80 098
Capitale : Victoria

São Tomé et Príncipe

Arabie Saoudite

Sénégal

Serbie et Monténégro

Seychelles

Sierra Leone

Singapour

*CFA = Communauté financière africaine ; créole = un mélange de portugais et de langues africaines indigènes

Slovaquie

• Slovénie

Salomon (îles)

Somalie

Afrique du Sud

Corée du Sud

• Espagne

Langues principales : anglais, français, créole*
Religion principale : catholicisme
Gouvernement : république
Monnaie : 1 roupie seychelloise = 100 cents

SIERRA LEONE (Afrique) (drapeau p. 122)
Superficie : 71 740 km²
Population : 5 614 743
Capitale : Freetown
Langues principales : mende, temne, krio, anglais
Religions principales : islam, animisme, christianisme
Gouvernement : république
Monnaie : 1 leone = 100 cents

SINGAPOUR (Asie) (drapeau p. 122)
Superficie : 692 km²
Population : 4 452 732
Capitale : Singapour
Langues principales : chinois, malais, anglais, tamoul
Religions principales : bouddhisme, islam
Gouvernement : république parlementaire
Monnaie : 1 dollar de Singapour = 100 cents

SLOVAQUIE (Europe)
Superficie : 48 845 km²
Population : 5 422 366
Capitale : Bratislava
Langues principales : slovaque, hongrois
Religion principale : catholicisme
Gouvernement : démocratie parlementaire
Monnaie : 1 couronne slovaque = 100 haleru

SLOVÉNIE (Europe)
Superficie : 20 273 km²
Population : 1 932 917
Capitale : Ljubljana
Langue principale : slovène
Religion principale : catholicisme
Gouvernement : république démocratique
Monnaie : 1 tolar slovène = 100 stotins

SOMALIE (Afrique)
Superficie : 637 657 km²
Population : 7 753 310
Capitale : Mogadiscio
Langues principales : somali, arabe, oromo
Religion principale : islam sunnite
Gouvernement : de transition
Monnaie : 1 shilling somalien = 100 cents

SOUDAN (Afrique)
Superficie : 2 505 810 km²
Population : 37 090 298
Capitale : Khartoum
Langues principales : arabe, anglais, dinka
Religions principales : islam sunnite, animisme
Gouvernement : république islamique
Monnaie : 1 dinar soudanais = 100 piastres

SRI LANKA (Asie)
Superficie : 65 610 km²
Population : 19 576 783
Capitales : Colombo, Sri Jayavardhanapura
Langues principales : cinghalais, tamoul, anglais
Religions principales : bouddhisme, hindouisme
Gouvernement : république
Monnaie : 1 roupie sri lankaise = 100 cents

SUÈDE (Europe)
Superficie : 449 964 km²
Population : 8 876 744
Capitale : Stockholm
Langue principale : suédois
Religion principale : christianisme luthérien
Gouvernement : monarchie constitutionnelle
Monnaie : 1 couronne suédoise = 100 öre

SUISSE (Europe)
Superficie : 41 290 km²
Population : 7 301 994
Capitale : Berne
Langues principales : allemand, français, italien
Religions principales : catholicisme, protestantisme
Gouvernement : république fédérale
Monnaie : 1 franc suisse = 100 centimes

SURINAM (Amérique du Sud)
Superficie : 163 270 km²
Population : 436 494
Capitale : Paramaribo
Langues principales : sranang, tongo, néerlandais, anglais
Religions principales : christianisme, hindouisme, islam
Gouvernement : république
Monnaie : 1 florin du Surinam = 100 cents

SWAZILAND (Afrique)
Superficie : 17 363 km²
Population : 1 123 605
Capitales : Mbabane, Lobamba
Langues principales : siswati, anglais
Religions principales : protestantisme, animisme, islam
Gouvernement : monarchie
Monnaie : 1 lilangeni = 100 cents

SYRIE (Asie)
Superficie : 185 180 km²
Population : 17 155 814
Capitale : Damas
Langues principales : arabe, kurde
Religions principales : islam, christianisme
Gouvernement : république sous un régime militaire
Monnaie : 1 livre syrienne = 100 piastres

TADJIKISTAN (Asie) (drapeau p. 124)
Superficie : 143 100 km²
Population : 6 719 567
Capitale : Douchanbé
Langues principales : tadjik (langue persane); russe
Religion principale : islam sunnite
Gouvernement : république
Monnaie : 1 somoni = 100 dirams

TAIWAN (Asie) (drapeau p. 124)
Superficie : 35 980 km²
Population : 22 548 009
Capitale : Taipei
Langues principales : taiwanais, mandarin
Religions principales : bouddhisme, confucianisme, taoïsme
Gouvernement : démocratie
Monnaie : 1 nouveau dollar de Taiwan = 100 cents

Sri Lanka

Soudan

Surinam

Swaziland

Suède

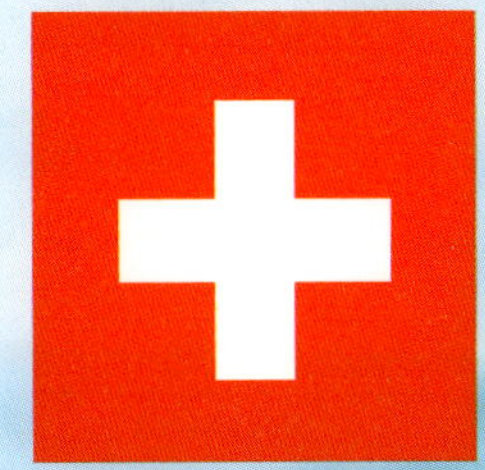

Suisse

Syrie

Créole = un mélange de portugais et de langues africaines indigènes

RÉPERTOIRE DES PAYS SUITE :

Taiwan

Tadjikistan

Tanzanie

Thaïlande

Togo

Tonga

TANZANIE (Afrique)
Superficie : 945 087 km²
Population : 37 187 939
Capitales : Dar es-Salaam, Dodoma
Langues principales : swahili, anglais, sukuma
Religions principales : christianisme, islam, animisme
Gouvernement : république
Monnaie : 1 shilling tanzanien = 100 cents

TCHAD (Afrique) (drapeau p. 114)
Superficie : 1 284 000 km²
Population : 8 997 237
Capitale : Ndjamena
Langues principales : arabe, sara, français
Religions principales : islam, christianisme, animisme
Gouvernement : république
Monnaie : 1 franc CFA* = 100 centimes

TCHÈQUE, RÉPUBLIQUE (Europe) (drapeau p. 115)
Superficie : 78 866 km²
Population : 10 256 760
Capitale : Prague
Langue principale : tchèque
Religion principale : catholicisme
Gouvernement : démocratie parlementaire
Monnaie : 1 couronne tchèque = 100 haleru

THAÏLANDE (Asie)
Superficie : 514 000 km²
Population : 62 345 402
Capitale : Bangkok
Langues principales : thaï, anglais, chinois
Religion principale : bouddhisme
Gouvernement : monarchie constitutionnelle
Monnaie : 1 baht = 100 satang

TIMOR-ORIENTAL (Asie) (drapeau p. 115)
Superficie : 15 007 km²
Population : 952 618
Capitale : Dili
Langues principales : tetum, bahasa, indonésien, portugais
Religions principales : catholicisme, animisme
Gouvernement : république
Monnaie : 1 dollar des États-Unis = 100 cents

TOGO (Afrique)
Superficie : 56 785 km²
Population : 5 285 501
Capitale : Lomé
Langues principales : mila, ewé, kabié, français
Religions principales : animisme, christianisme, islam
Gouvernement : république
Monnaie : 1 franc CFA* = 100 centimes

TONGA (Océanie)
Superficie : 748 km²
Population : 106 137
Capitale : Nuku'alofa
Langues principales : tongan, anglais
Religion principale : christianisme
Gouvernement : monarchie constitutionnelle
Monnaie : 1 pa'anga = 100 seniti

TRINITÉ-ET-TOBAGO (Amérique centrale)
Superficie : 5 128 km²
Population : 1 163 724
Capitale : Port d'Espagne
Langues principales : anglais, français, espagnol, hindi
Religions principales : christianisme, hindouisme
Gouvernement : république
Monnaie : 1 dollar de Trinité-et-Tobago = 100 cents

TUNISIE (Afrique)
Superficie : 163 610 km²
Population : 9 815 644
Capitale : Tunis
Langues principales : arabe, français
Religion principale : islam
Gouvernement : république
Monnaie : 1 dinar tunisien = 1 000 millimes

TURKMÉNISTAN (Asie)
Superficie : 488 100 km²
Population : 4 688 963
Capitale : Achgabat
Langues principales : turkmène, russe
Religion principale : islam
Gouvernement : république
Monnaie : 1 manat turkmène = 100 tengés

TURQUIE (Europe et Asie)
Superficie : 780 580 km²
Population : 67 308 928
Capitale : Ankara
Langues principales : turc, kurde
Religion principale : islam
Gouvernement : république démocratique
Monnaie : 1 lire turque = 100 kurus

TUVALU (Océanie)
Superficie : 26 km²
Population : 11 146
Capitale : Funafuti
Langues principales : tuvalu, anglais
Religion principale : congrégationalisme (protestantisme)
Gouvernement : monarchie constitutionnelle
Monnaie : 1 dollar australien = 100 cents

UKRAINE (Europe) (drapeau p. 125)
Superficie : 603 700 km²
Population : 48 396 470
Capitale : Kiev
Langues principales : ukrainien, russe
Religion principale : christianisme orthodoxe ukrainien
Gouvernement : république
Monnaie : 1 hryvnia = 100 kopeks

URUGUAY (Amérique du Sud) (drapeau p. 125)
Superficie : 176 220 km²
Population : 3 386 575
Capitale : Montevideo
Langue principale : espagnol
Religion principale : catholicisme
Gouvernement : république
Monnaie : 1 peso uruguayen = 100 centesimos

VANUATU (Océanie) (drapeau p. 125)
Superficie : 12 189 km²
Population : 196 178
Capitale : Port-Vila
Langues principales : bichlamar, français, anglais

Trinité-et-Tobago

Tunisie

Turquie

Turkménistan

Tuvalu

Ouganda

*CFA = Communauté financière africaine

Ukraine

Émirats arabes unis

Royaume-Uni

États-Unis d'Amérique

Uruguay

Ouzbékistan

Religion principale : christianisme
Gouvernement : république
Monnaie : 1 vatu = 100 centimes

VATICAN (SAINT-SIÈGE) (Europe)
Superficie : 0,44 km²
Population : 900
Capitale : Cité du Vatican
Langues principales : italien, latin
Religion principale : catholicisme
Gouvernement : dirigé par le Pape
Monnaie : 1 euro = 100 cents

VENEZUELA (Amérique du Sud)
Superficie : 912 050 km²
Population : 24 287 670
Capitale : Caracas
Langue principale : espagnol
Religion principale : catholicisme
Gouvernement : république fédérale
Monnaie : 1 bolivar = 100 centimos

VIÊT NAM (Asie)
Superficie : 329 560 km²
Population : 81 098 416
Capitale : Hanoi
Langues principales : viet, français
Religion principale : bouddhisme
Gouvernement : État communiste
Monnaie : 1 nouveau dông = 100 xu

YÉMEN (Asie)
Superficie : 527 970 km²
Population : 18 701 257
Capitale : Sanaa
Langue principale : arabe
Religion principale : islam
Gouvernement : république
Monnaie : 1 rial yéménite = 100 fils

ZAMBIE (Afrique)
Superficie : 752 614 km²
Population : 9 959 037
Capitale : Lusaka
Langues principales : bemba, tonga, nyanja (langues bantoues), anglais
Religions principales : christianisme, islam, hindouisme
Gouvernement : république
Monnaie : 1 kwacha de Zambie = 100 ngwee

ZIMBABWE (Afrique)
Superficie : 390 580 km²
Population : 11 376 676
Capitale : Harare
Langues principales : shona, ndébélé, anglais
Religions principales : christianisme, animisme
Gouvernement : république
Monnaie : 1 dollar du Zimbabwe = 100 cents

Les Nations unies

L'Organisation des Nations unies (ONU) a pour objectif d'amener les pays à travailler ensemble pour la paix et le développement. Sur les 193 États du monde, 189 appartiennent aux Nations unies. Ceux qui n'y adhèrent pas sont Taiwan, la Suisse, le Timor-Oriental et le Vatican.

Liens Internet

Les drapeaux et emblèmes des pays du monde, ainsi que les institutions et organisations internationales.

Pour le lien vers ce site, connecte-toi à : **www.usborne-quicklinks.com/fr**

Kofi Annan, le secrétaire général des Nations unies, en compagnie de l'ambassadeur de l'ONU, l'ex-footballeur Pelé

Vanuatu

Vatican

Venezuela

Viêt Nam

Yémen

Zambie

Zimbabwe

LES FUSEAUX HORAIRES

La Terre est divisée en fuseaux horaires. Ainsi, lorsqu'il est midi à Rio de Janeiro, au Brésil, il est minuit à Tokyo, au Japon. À l'intérieur de chaque fuseau horaire, les gens règlent leurs pendules à la même heure. Si on voyage d'un fuseau à l'autre, il faut mettre sa montre à l'heure du nouveau fuseau.

Le décalage horaire

Les fuseaux horaires, situés à une heure d'intervalle, sont au nombre de 24, et l'heure change tous les 15° de longitude. Il y a douze fuseaux horaires avant le méridien de Greenwich (Grande-Bretagne), qui marque le temps universel (système GMT), et douze fuseaux après. Les gouvernements peuvent modifier les fuseaux horaires de leur pays. Pour des raisons pratiques, certains pays gardent la même heure locale plutôt que de se conformer exactement à celle des fuseaux. Par exemple, la Chine pourrait être divisée en sept zones, mais le pays garde partout la même heure. Quelques pays, comme l'Inde, ont une heure légale différente de celle du fuseau correspondant.

L'heure d'été

Certains pays changent d'heure en été. Par exemple, en France, on avance les pendules d'une heure ; c'est l'heure d'été (heure GMT + 1 heure). Cela permet de mieux profiter de la lumière en prolongeant les soirées d'une heure et de réaliser des économies d'énergie, car les gens utilisent moins d'électricité pour s'éclairer.

Changement de date

À l'opposé du méridien de Greenwich se trouve la ligne de changement de date qui traverse l'océan Pacifique en évitant les terres. Les pays à l'ouest de cette ligne ont 24 heures d'avance sur ceux qui se trouvent à l'est. Cela signifie que si on traverse cette ligne en voyageant vers l'Est, on perd un jour ; dans le sens inverse, vers l'Ouest, on gagne un jour.

Planisphère montrant les fuseaux horaires. En haut de la carte figure l'heure dans chaque fuseau lorsqu'il est midi heure GTM au méridien de Greenwich. Il y a deux zones où il est minuit, une pour chaque jour de part et d'autre de la ligne de changement de date. Les chiffres encerclés indiquent le nombre d'heures d'avance ou de retard d'une zone donnée par rapport à l'heure GMT.

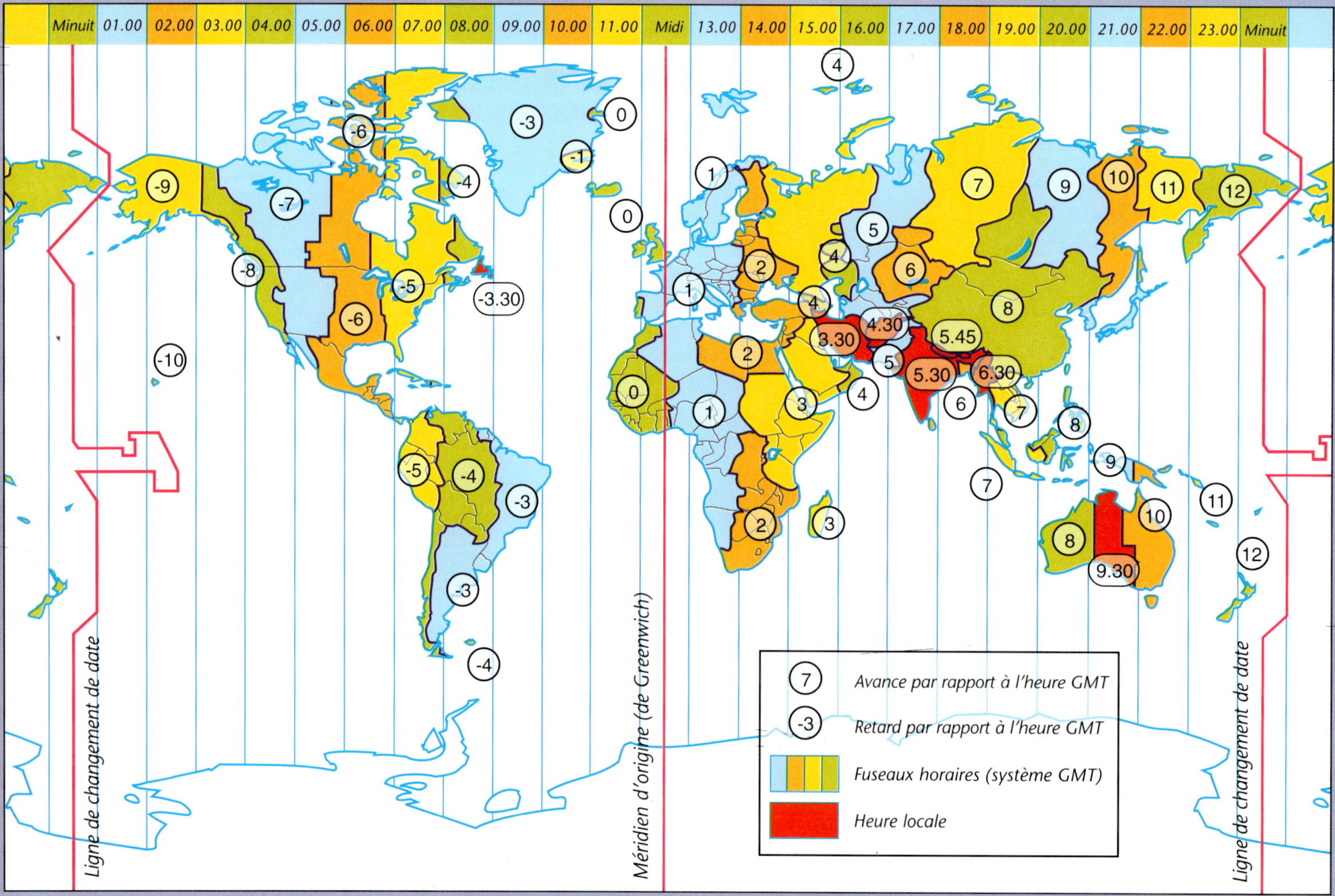

INDEX GÉNÉRAL

Les lieux figurant sur les cartes de cet atlas sont répertoriés dans un index séparé en pages 130-143.

Réponses du quiz géographique (pages 110-111)

Lieux mystérieux
En haut, à gauche : l'église de La Sagrada Familia à Barcelone, en Espagne
En haut, à droite : le Taj Mahal, près d'Agra, en Inde
Au centre, à gauche : le Golden Gate Bridge de San Francisco, aux États-Unis
Au centre, à droite : l'Acropole d'Athènes, en Grèce
En bas : la tour CN de Toronto, au Canada

Quiz rapide
1. Japon
2. 6 heures du matin
3. Australie
4. Amérique du Nord
5. République tchèque
6. Lac Baïkal, Russie
7. Le Vatican
8. Costa Rica
9. Nigeria
10. Ankara

Leçon de survie
1. b. Un parapluie ne te servirait à rien dans l'Antarctique, car il n'y pleut jamais. C'est aussi le continent le plus venteux au monde et il serait vite déchiré ! En revanche, tu aurais besoin de lunettes et de crème solaire, car la réflexion de la lumière sur la glace est éblouissante et peut provoquer des brûlures.
2. b. Des vêtements supplémentaires te permettraient de conserver ta transpiration, ce qui rafraîchirait ta peau. Te reposer à l'ombre (s'il y en a) t'aiderait aussi à ne pas avoir trop chaud. Si tu étais actif, que tu parlais ou que tu chantais, ton corps perdrait de l'humidité et ta bouche deviendrait sèche, ce qui te donnerait encore plus soif.
3. Toutes. Les sicarius sont parmi les araignées les plus venimeuses du monde. Leur morsure est si grave qu'elles peuvent entraîner la mort. La veuve a une morsure très douloureuse, bien que non fatale, et celle de l'araignée-violon provoque de cuisants gonflements.
4. c. Un ours n'attaquera que s'il sent que tu représentes une menace pour lui. Si tu t'éloignes lentement, sans faire de mouvements brusques, il te laissera tranquille. Tu ne dois te coucher (roulé en boule) et faire le mort que si l'ours attaque vraiment.

MAP INDEX

Voici un index des lieux et particularités mentionnés sur les cartes. Chaque entrée présente le nom du lieu (en gras), le pays ou la région où il se trouve (en italique), la page où il figure (en gras) et ses coordonnées sur le quadrillage (également en gras). Certains noms sont aussi accompagnés d'une indication spécifiant de quel type de lieu il s'agit – par exemple pays, administration régionale (état ou province), capitale fédérale ou régionale. Pour localiser un endroit sur une carte, se reporter d'abord à la page de la carte, puis utiliser les coordonnées pour trouver la partie du quadrillage portant le nom ou le symbole de la ville. Se reporter aussi à la page 11 pour savoir comment se servir du quadrillage.

a

m

P

t

u

REMERCIEMENTS

Tous les efforts ont été entrepris pour retrouver les propriétaires des copyrights du matériel utilisé dans ce livre. Si certains droits ont été omis, l'éditeur s'en excuse et rectifiera toute erreur lors de la réimpression dès qu'il en aura été informé. L'éditeur remercie les organismes et personnes suivantes pour leurs contributions et leur autorisation de reproduire (h= haut, m = milieu, b = bas, g = gauche, d = droite) :

Couverture © Jacques Descloitres, MODIS Land Science Team ; (globe) © Digital Vision ; **pages de garde** © Ric Ergenbright/CORBIS ; **p. 1** © Jim Zuckerman/CORBIS ; **pp. 2-3** © Art Wolfe/Science Photo Library ; **pp. 4-5** Stephen Moncrieff, Digital Vision ; **p. 4** (hd) © Geospace/Science Photo Library ; **p. 6** (bg) © CNES, 1988 Distribution SPOT Image/Science Photo Library ; (md) Stephen Moncrieff ; **p. 7** (hm & hd) European Map Graphics Ltd ; (b) © Paul A. Souders/CORBIS ; **pp. 8-9** (fond) © Digital Vision ; **p. 8** (md) PHOTO ESA ; **p. 9** (hg) © NERC Satellite Station, Université de Dundee www.sat.dundee.ac.html ; (bd) Science Photo Library/Agence spatiale européenne ; **p. 10** (b) Stephen Moncrieff ; (hd) © Dan Guravich/CORBIS ; **p. 11** (bg) European Map Graphics Ltd ; (hd) © W. Perry Conway/CORBIS ; **p. 12** (b) © Christopher Cormack/CORBIS ; **p. 13** Stephen Moncrieff, Craig Asquith ; **p. 14** (hd) © Bill Ross/CORBIS ; (b) Craig Asquith ; **p. 15** Craig Asquith ; **pp. 16-17** European Map Graphics Ltd ; **pp. 22-23** © Richard Cummins/CORBIS ; **p. 23** (bd) © W. Perry Conway/ CORBIS ; **p. 24** (hd) © Worldsat International/Science Photo Library ; (m) © NASA/JSC ; (b) © Raymond Gehman/CORBIS ; **p. 25** © NASA/ CORBIS ; **pp. 26-27** (b) © Richard Cummins/CORBIS ; **p. 26** (h) © Dave G. Houser/CORBIS ; **p. 27** (hd) © Joe McDonald/CORBIS ; **p. 28** (g) © Angelo Hornak/CORBIS ; (hd) © Carl & Ann Purcell/CORBIS ; **p. 29** (hg) © Schafer & Hill/GettyImages ; (bd) © Michael & Patricia Fogden/CORBIS ; **pp. 36-37** © Galen Rowell/CORBIS ; **p. 37** (hd) © Eye Ubiquitous/CORBIS ; **p. 38** (m) © Julian Baum & David Angus/ Science Photo Library ; (bg) © Yann Arthus-Bertrand/ CORBIS ; (md) © NASA/JSC ; **p. 39** (d) © CNES, 1986 Distribution SPOT Image/ Science Photo Library ; (bg) © CNES, Distribution SPOT Image/Science Photo Library ; **pp. 40-41** (b) © Robert Frerck/GettyImages ; **p. 40** (hd) Claus Meyer/GettyImages ; **p. 41** (hg) Walter Bibikow/ GettyImages ; (hd) Peter Oxford/BBC Wild ; **pp. 46-47** © Still Pictures/Pascal Koheb ; **p. 47** (bd) © Bates Littlehales/CORBIS ; **pp. 48-49** (b) © Amos Nachoum/CORBIS ; **p. 48** (mg) © 1995, Worldsat International et J. Knighton/ Science Photo Library ; (hd) © NASA/JSC ; **p. 49** (hd) © CNES, Distribution SPOT Image/Science Photo Library ; (mg) © CORBIS ; **p. 50** © Yoshio Tomii/Bruce Coleman ; **p. 51** (hd) © Klein/Hubert/Still Pictures ; (bg) © Zefa visual media ; **pp. 56-57** © Michael S. Yamashita/ CORBIS ; **p. 57** (bd) © Keren Su/CORBIS ; **p. 58** (hd) © Worldsat International/Science Photo Library ; (m) © CNES, 1986 Distribution SPOT Image/Science Photo Library ; (b) © Liu Liqun/ CORBIS ; **p. 59** (h) © NASA JPL ; (bd) © CNES, 1987 Distribution SPOT Image/Science Photo Library ; **p. 60** (g) © Keren Su/CORBIS ; (hd) © Keren Su/China Span/Alamy ; **p. 61** (hg) © www.pictor.com ; (b) © Papilio/CORBIS ; **p. 62** (hd) © Richard T. Nowitz/CORBIS ; (b) © Archivo Iconografico, S.A./CORBIS ; **p. 63** (mg) © www.pictor.com ; (hd) © Wolfgang Kaehler/CORBIS ; (b) © Brian & Cherry Alexander Photography ; **pp. 76-77** © Digital Vision ; **p. 77** (bd) Agripicture/© Peter Dean ; **pp. 78-79** (b) © Peter Adams/GettyImages ; **p. 78** (hd) NASA/GSFC/MITI/ERSDAC/JAROS, & U.S./Japan ASTER Science Team ; (mg) © NASA GSFC Scientific Vizualisation Studio ; **p. 79** (hd) © CNES, 1994 Distribution SPOT Image/Science Photo Library ; (m) © German Remote Sensing Data Center ; **p. 80** (hd) © The Art Archive/Historiska Muséet Stockholm/Dagli Orti ; (bg) © Enzo & Paolo Ragazzini/ CORBIS ; **p. 81** (h) © Zefa visual media ; (bd) © Frans Lanting/Minden Pictures ; **p. 82** © Paul Hardy/corbisstockmarket.com ; **p. 83** (h) © Bob Krist/ CORBIS ; (b) © Araldo de Luca/CORBIS ; **pp. 92-93** © Tom Brakefield/CORBIS ; **p. 93** (bd) © Gallo Images/CORBIS ; **p. 94** (hd) © Worldsat International/Science Photo Library ; (bg) © Yann Arthus-Bertrand/CORBIS ; (bd) © NASA JPL ; **p. 95** (d) © Jacques Descloitres, MODIS Land Science Team ; (bg) © NASA/JSC ; **p. 96** © Roger Wood/CORBIS ; **p. 97** (mg) © Charles O'Rear/CORBIS ; (hd) © Wolfgang Kaehler/CORBIS ; (b) © Karl Ammann/CORBIS ; **p. 106** (hd) © Worldsat International/Science Photo Library ; (m) © Jan Jordan ; **p. 107** (h) © NRSC Ltd/Science Photo Library ; (b) © Digital Vision ; **pp. 110-111** (b) © Paul A. Souders/CORBIS ; **p. 110** (hg) © Peter M. Wilson/ CORBIS ; (hm) © Joe McDonald/CORBIS ; (mg) © Charles O'Rear/CORBIS ; (md) © Vanni Archive/CORBIS ; **p. 111** (bd) Galen Rowell/ CORBIS ; **pp. 112-125** (fond) © Digital Vision ; (drapeaux de l'Afghanistan, du Bahreïn, des Comores, du Rwanda, du Turkménistan et du Timor-Oriental) © Shipmate Flags, Vlaardingen, Pays-Bas ; (tous les autres drapeaux) © Flag Enterprises Ltd ; **p. 125** (b) AFP Photos/Henry Ray Abrams ; **p. 126** (b) Craig Asquith.

Directrice de la collection : Gillian Doherty
Maquette de la collection : Mary Cartwright
Couverture : Zöe Wray
Remerciements à Ruth King

Les éditions Usborne ont fait tous les efforts pour s'assurer que les documents sur les sites Web proposés dans ce livre conviennent à l'objectif désiré. Nous ne pouvons cependant pas assumer la responsabilité, et nous ne sommes pas responsables, de tout site Web autre que le nôtre. Nous ne pouvons non plus être responsables de la consultation de documents dangereux, agressifs ou inexacts qui apparaissent sur un site Web. Nous recommandons que les enfants soient toujours surveillés lorsqu'ils consultent Internet. Les éditions Usborne n'auront aucune responsabilité civile pour tout dommage ou perte provoqués par des virus qui auront pu être téléchargés en naviguant sur les sites que nous recommandons.

© 2002 Usborne Publishing Ltd, Usborne House, 83-85 Saffron Hill, Londres ECIN 8RT, Grande-Bretagne.
© 2004 Usborne Publishing Ltd pour le texte français. ISBN : 0 7460 5793 8
Pour le Canada : publié par les éditions Héritage, inc. ISBN : 2 7625 1841 5
Le nom Usborne et les marques sont des marques déposées d'Usborne Publishing Ltd. Tous droits réservés. Aucune partie de cet ouvrage ne peut être reproduite, stockée en mémoire d'ordinateur ou transmise sous quelque forme ou moyen que ce soit, électronique, mécanique, photocopieur, enregistreur ou autre sans l'accord préalable de l'éditeur. Imprimé en Espagne.